Brigitt, die Stewardess

HANS LEHR

BRIGITT, DIE STEWARDESS

JULIUS BREITSCHOPF KG
VERLAGSBUCHHANDLUNG
WIEN · MÜNCHEN · ZÜRICH

Einband von Elisabeth Grauel von Mandelsloh

Lizenzausgabe für die Julius Breitschopf KG,
Verlagsbuchhandlung, München
Printed in Yugoslavia
Grafoimpex, Zagreb
ISBN 3-87254-317-2

Glücklich bestanden!

Brigitte Renson strebte die Bismarckallee zu Frankfurt am Main entlang. Die Neunzehnjährige kannte gewissermaßen jeden Baum, denn seit Jahren hatte ihr Schulweg durch die Allee geführt. Noch nie war sie diese Strecke so beschwingt und innerlich erhoben gegangen wie heute.

Sie reckte den gutgewachsenen und sportlich geübten Körper. Ihre blaugrauen Augen leuchteten. Unbewußt strich sie über ihr ebenmäßiges Gesicht und das in Locken wallende blonde Haar.

Ihr war zumute, als müsse sie jubeln und singen.

Als sie eine Straßenkreuzung passierte und zwischen den großkronigen Kastanienbäumen der blaugraue Himmel mit ziehenden Wolken zu sehen war, zog das Motorengeräusch eines schnell fliegenden großen Verkehrsflugzeugs ihre Aufmerksamkeit auf sich. Vor einem Lieferkraftwagen, der schwer daherpolterte, huschte sie flink auf den Bürgersteig und schaute nach dem Clipper.

Wie sicher die große Maschine flog! Silbern glänzten ihr Leib und ihre Flügel in den Sonnenstrahlen. Woher mochte das Flugzeug kommen? Gitta hatte es eilig, aber wenn sie sah, daß ein Clipper nach dem Rhein-Main-Flughafen strebte oder diesen verließ, dann richtete sich ihre Aufmerksamkeit ganz von selbst darauf. Ach, man müßte mitfliegen, man müßte die Welt von oben sehen und über Erde und Meer dahinschweben können!

Als das Flugzeug verschwunden war, seufzte Gitta ein wenig auf, aber dann wandte sie sich mit der ihr eigenen Leichtigkeit nach der Kinkelstraße und eilte an den stillen Einfamilienhäusern mit den gepflegten Vorgärten entlang, bis sie das Haus Nummer 18 erreicht hatte, an dessen Gartentür über dem großen Briefkasten ein weißes Emailleschild mit dem Namen Klaus Markloff angebracht war.

Gitta öffnete, ließ die Tür hinter sich ins Schloß fallen und huschte durch den Vorgarten. Als sie unter dem kleinen Glasdach angelangt war, legte sie die Rechte auf die Klinke der Haustür. Da diese von innen abgeschlossen war, drückte Gitta nachdrücklich auf den Knopf der elektrischen Klingel. Laut erscholl diese dreimal im Hausflur. Das bedeutete, daß jemand kam, der zur Familie gehörte.

Gitta wartete nicht ab, bis im Hause der Riegel bedient wurde, sondern läutete wiederum dreimal. Das hieß: es eilt! Und dann ließ Gitta abermals die Klingel dreimal ertönen. Das bedeutete: etwas ganz Wichtiges ist passiert!

Da schnappte der Sperrer zurück, auf der Hausflurtreppe hallten gedämpfte Schritte, und die Stimme von Frau Rosel Markloff erscholl:

„Ei, ei, was ist denn los? Wer ist da?! Ich komme ja schon!"

Gitta schob die Haustür auf, sprang in den Flur, legte die Büchermappe auf einen Stuhl, breitete die Arme aus, warf sich der Pflegemutter an die Brust und jubelte:

„Bestanden, Muttchen! Bestanden! Mit Auszeichnung bestanden!"

„Bestanden . . .?!" wiederholte die Hausfrau, drückte das Mädchen an sich und schaute ihm aus leuchtenden Augen froh in das Gesicht. „Meinen herzlichsten Glückwunsch, Kind!" Sie küßte Gitta und fuhr fort: „Ich wußte es! Wer so fleißig gearbeitet hat wie du, mußte doch Anerkennung finden!"

„Oh, man kann Pech haben, Muttchen. Ach, ich bin ja so froh!"

„Das darfst du auch sein, Kind!" bestätigte Frau Markloff. „Du hast eine wichtige Lebensstation glücklich passiert!"

Im ersten Stockwerk wurde es laut. Alma Markloff, die zwanzigjährige Tochter der Pflegeeltern Gittas, hatte vom Fenster ihres Zimmers aus die Pflegeschwester kommen sehen. Aus deren Beschwingtheit und der stürmischen Anmeldung konnte sie entnehmen, daß Gitta als Erfolgreiche heimkehrte.

Alma hatte es nicht gerade eilig mit dem Gratulieren, denn sie selbst war eine Schülerin jener Art gewesen, die man im allgemeinen schonend als wohl mehr praktisch veranlagt bezeichnete. So hatte sie denn die Schule nicht bis zum Abitur besucht, sondern war schon vor Jahren abgegangen. Sie arbeitete als Sekretärin in der Holzgroßhandlung des Vaters. An eine regelmäßige Tätigkeit konnte sie sich allerdings nicht recht gewöhnen. Jedenfalls glaubte ihre Mutter nicht ganz an die Beschwerden verschiedener Arten, über die Alma gelegentlich klagte und mit denen sie dann ihr Fernbleiben vom Büro begründete.

Selbstverständlich fühlte sich Alma aber doch verpflichtet, der Pflegeschwester, mit der sie aufgewachsen war und mit der sie sich im allgemeinen gut verstand, Glück zu wünschen.

So sprang denn Alma die Treppe hinab und richtete dabei schnell da und dort noch etwas an ihrem Haar und an ihrem Kleid, so daß Gitta den Eindruck haben konnte, Almas Einfinden habe sich infolge des Herrichtens ein wenig verzögert.

„Bestanden!“ jubelte Gitta der Pflegeschwester entgegen.

„Herrlich! Ich gratuliere!“ rief Alma überschwenglich, umarmte Gitta und küßte sie. „Geschafft hast du es!“ fuhr Alma alsdann fort. „Abiturientin ... muß das ein Gefühl sein! Wir wußten ja immer, daß du gescheit und tüchtig bist. Nun hast du das sogar schulamtlich bescheinigt bekommen!“

Für Sekunden hatte Gitta das Empfinden, es schwinge ein eigenartiger Unterton in Almas Gratulation mit, aber Gitta war so glücklich, daß der Eindruck nicht tief dringen konnte. Sie wußte ja auch, daß sich Alma bei aller Gutmütigkeit nicht frei von Neidgefühlen halten konnte, und war ihr nicht böse darüber.

„Ein schöner Tag ist das!“ äußerte Frau Markloff und zog Gitta wieder an sich. Da sie die Eifersuchtsanwandlungen ihrer Tochter gut kannte, so legte sie auch um deren Schulter einen Arm und ging mit beiden Mädchen in das Eßzimmer. Dabei sagte sie:

„Es ist Zeit zum Tischdecken geworden, Kinder! Der Vater kann jeden Augenblick kommen. Gitta zu Ehren habe ich besonders viel Vanillepudding bereitet!“

Gitta scherzte:

„Oh, was hätten wir damit gemacht, wenn ich durchgefallen wäre?"

Alma antwortete nachdrücklich:

„Auch gegessen! Auf alle Fälle!"

Die Mädchen halfen der Hausangestellten beim Tischdecken.

Die Mutter rief:

„Fünf Gedecke!"

Gitta horchte auf und fragte:

„Fünf, Muttchen . . .? Du, Vati, Alma, ich . . ."

Frau Markloff ergänzte vergnügt:

„. . . und Bodo! Er ist heute nicht nach Darmstadt, sondern mit Papa ins Geschäft gefahren."

Alma scherzte:

„Ja, die brüderliche Liebe hätte es nicht fertiggebracht, mit der Gratulation zu diesem einmaligen Ereignis deines Lebens bis zum Abend zu warten!"

In heiterer Unbefangenheit erwiderte Gitta:

„Welch ein Glück, daß ich bestanden habe! Brr, wäre mir jetzt unbehaglich zumute, wenn ich es mit dem Durchsausen zu tun gekriegt hätte!"

Auf der Straße wurde dreimal kurz gehupt. Alle kannten dies Zeichen. Frau Markloff, Alma und die Hausgehilfin Anni beeilten sich, die Speisen aufzutragen.

Gitta zog den Vorhang auf. Sie sah, daß der Pflegevater bereits ausgestiegen war und dem Haus zustrebte und daß Bodo den Kraftwagen in die Garage fuhr. Beiden winkte sie fröhlich zu. Sie lächelten im Verstehen und winkten herzlich zurück.

Gitta huschte in den Flur und umarmte voll Jubel den Pflegevater und Vormund Klaus Markloff.

Er drückte sie an sich, küßte sie auf die Stirn und fragte:

„Na, Kleines . . .? Also bestanden . . .?"

Stolz bestätigte Gitta:

„Klar, Vati!"

Er lächelte ihr väterlich herzlich in die Augen, nickte froh und drückte sie wieder an sich.

„Recht, recht herzlichen Glückwunsch, Gitta! Damit hast du

auch mir eine große Freude gemacht! Du hast einen Wunsch frei!"

„Au, fein, Vati! Aber was soll ich mir denn wünschen?"

„Nun, das kannst du dir ja noch überlegen, Mädel! Einstweilen wollen wir uns das Essen schmecken lassen!"

Der Hausherr ging in das Eßzimmer.

Gitta wandte sich dem Pflegebruder zu, der eben in den Hausflur trat. Bodo Markloff war ein gutgewachsener junger Mann anfangs der Zwanzigerjahre mit offenen Gesichtszügen. Man konnte es ihm ansehen, daß er ein angenehmes Wesen, Zielbewußtsein und Tatkraft hatte.

Er blickte der Pflegeschwester vergnügt in die Augen, legte die Linke auf ihre Schulter, ergriff ihre Rechte, schüttelte sie und machte eine betont kavaliermäßige Verbeugung.

„Prächtig, Mädel! Meine Hochachtung! Ich gratuliere dir von ganzem Herzen!"

Gitta war insgeheim ein wenig verdrießlich, daß ihr leichte Röte in das Gesicht schoß, aber die Freude ließ sie das schnell vergessen. Bodo ging mit großen Schritten in das Wohnzimmer und holte einen dort bereitliegenden Strauß schöner Nelken. Er überreichte die Blumen Gitta unter herzlichem Lächeln mit großartiger Gebärde.

„Der Heldin des Tages!"

Beglückt nahm Gitta den Strauß entgegen.

„Ach, wie lieb! Schönen Dank!"

Sie brachte die Blumen in einer Vase unter und wollte diese im Eßzimmer auf ein Tischchen stellen, da sah sie, daß darauf ein größeres und ein kleineres Päckchen lagen. Auf der Verpackung des kleinen stand „Gitta von Vater und Mutter" und auf dem größeren „Gitta von Alma und Bodo".

Erfreut und voll Spannung stellte Gitta die Blumen ab und befreite die Päckchen von den farbigen Bändchen und dem Einschlagpapier. Das größere enthielt ein Buch über das moderne Flugwesen und das kleine ein goldenes Armband. Entzückt legte Gitta dies an und bewunderte es, und dann dankte sie den Angehörigen begeistert.

Alma wehrte munter ab:

„Du siehst, es lohnt sich, Prüfungen zu bestehen!"

Viele Fragen wurden gestellt über den Verlauf der Prüfung und die Aufgaben, die Gitta hatte lösen müssen. Sie erzählte und geriet dabei manchmal so in Eifer, daß Frau Markloff mahnte, nicht zu vergessen, daß man das Mittagessen genießen wolle.

Schließlich klopfte der Hausherr an sein Glas, erhob sich und hielt eine kleine Rede, in der er den Fleiß und das Zielbewußtsein Gittas würdigte und ihr nochmals im Namen aller nach der Erreichung dieses Marksteins einen schönen und erfolgreichen weiteren Lebensweg wünschte.

Gerührt hielt Gitta die Blicke auf den Mann gerichtet, der ihr ein zweiter Vater geworden war.

Gitta Renson war mit Markloffs nicht verwandt. Ihr Vater und Klaus Markloff waren gute Freunde gewesen. Gittas Mutter war früh gestorben. Als ihr Vater Klarheit darüber gewonnen hatte, daß er über kurz oder lang einem unheilbaren Leiden erliegen werde, bat er den alten Freund, nach seinem Tode die Vormundschaft und Fürsorge für Gitta zu übernehmen. Klaus Markloff sagte das zu. Als dann der Freund diese Welt hatte verlassen müssen, besprach Markloff mit seiner Frau, wie man die Vollwaise, die damals acht Jahre alt war, am besten betreuen könne.

Frau Markloff hatte erklärt:

„Wir nehmen sie zu uns. Brigitte ist ein angenehmes Kind und kann mit unseren zweien groß werden."

So kam Gitta in das Haus Markloff und wuchs wie eine Schwester von Bodo und Alma auf. Gitta hatte ein Vermögen geerbt, das unter anderen Umständen für ihren Unterhalt und ihre Ausbildung ausgereicht hätte, aber das Geld wurde infolge der Zeitverhältnisse entwertet. Längst waren daher Gittas eigene Mittel aufgezehrt. Ihr gegenüber wurde jedoch niemals etwas von Geldverhältnissen und über die Kosten ihrer Erziehung erwähnt. Es sollte dem Mädchen nicht bewußt werden, daß diese Kosten stillschweigend von Markloffs getragen wurden.

Zum Schluß seiner kleinen Ansprache trank Klaus Markloff auf das Wohl Gittas, und alle stießen mit ihr an.

Später, als besonders die jungen Leute dem vorzüglich gelungenen Pudding alle Ehre antaten, fragte der Hausherr:

„Na, Gitta, hast du unter deinen Wünschen gewählt?"

Ein wenig befangen schaute das Mädchen drein.

„Ach, Vati, das Leben ist so teuer . . .!"

Markloff ermunterte:

„Dennoch darfst du deinen Wunsch äußern, Gitta! Wie du ja weißt, erhielt Bodo, als er so weit war, auf seinen Wunsch das Motorrad und durfte die Fahrprüfungen für Kraftfahrzeuge machen."

Gitta zögerte noch immer, so daß Alma, die ehemals keinen Wunsch aussprechen konnte, weil sie aus eigenem Entschluß vorzeitig vom Lyzeum abgegangen war, nachdrücklich den Kopf schüttelte.

„Ich sollte gefragt werden, ich wüßte, was ich wollte!"

Alle lachten.

Zaghaft bemerkte Gitta:

„Einen Wunsch habe ich natürlich."

Bodo drängte:

„Heraus damit!"

Gitta sah den Pflegevater voll an und sagte:

„Ihr kennt ja alle meine Vorliebe für das Fliegen. Gar zu gern würde ich einmal eine Luftreise machen. Natürlich sollte das kein weiter und kostspieliger Flug sein. Es würde mir schon ungeheure Freude bereiten, wenn ich einmal nach Hamburg und zurück fliegen dürfte."

Alma scherzte:

„Aha, Gitta möchte erleben, wie einer Luftfee zumute ist!"

Die Mutter warf ihr einen verweisenden Blick zu.

„Gitta hat den Wunsch frei, Alma!"

Die Tochter verzog ein wenig betreten den Mund und nickte.

Gitta äußerte:

„Nachdem ich das Lyzeum absolviert habe, muß ich einen Beruf wählen. Ihr wißt schon lange, daß ich gar zu gern Luftstewardeß werden würde. Aus diesem Grunde habe ich ja bereits eifrig Sprachstudien betrieben, die weit über die Anforderungen der Schule hinausgehen."

Alma fiel ein:

„Wie man hört, wird von den Luftstewardessen sehr viel verlangt. Viele Mädel bewerben sich ja um eine solche Anstellung. Die Auslese soll daher äußerst streng sein."

„Weshalb sollte Gitta nicht die Bedingungen erfüllen können?" fragte Bodo ein wenig verwundert.

Der Vater ergriff wieder das Wort:

„Wenn ich dich recht verstehe, liebe Gitta, dann möchtest du diesen Flug unternehmen, um gewissermaßen deine Jugendneigung jetzt, wo du reifer geworden bist, zu überprüfen?"

„Allerdings, Vati! Ich kann mir nichts Schöneres vorstellen als Luftstewardeß zu werden, aber ich bin vernünftig genug, einzusehen, daß man eine solch wichtige Entscheidung nicht treffen kann und darf, wenn man selbst noch nicht geflogen ist."

Markloff nickte Gitta herzlich zu.

„Das ist der richtige Standpunkt, Kind! Man soll eine Entscheidung von solch weittragender Bedeutung nicht auf Grund von verschwommenen Vorstellungen und Wünschen, sondern nur nach ganz klaren Prüfungen und Überlegungen treffen!"

Bodo ermunterte:

„Auf denn zum ersten Flug, Gitta!"

Alma wiegte bedenklich den Kopf und brummelte:

„Welch ausgefallene Idee! ... Was kostet eigentlich so ein Flug?"

Gitta berichtete:

„Das kann ich dir ganz genau sagen. Wenn man gleich die Hin- und Rückflugkarte nimmt, kommt der Flug auf hundertvierundachtzig Mark zu stehen."

Der Hausherr schloß:

„Abgemacht also, Gitta! Du wirst nach Hamburg fliegen! Da dir alles, was damit zusammenhängt, so viel Freude bereitet, so wirst du die Vorbereitungen wohl am besten selbst treffen."

Gitta sprang auf, lief zu dem Pflegevater und umarmte und küßte ihn.

„Ich danke dir innigst, Vati! Ach, wie freue ich mich! Ich bin ja so glücklich!"

Es geht los!

Schon am nächsten Tag machte sich Gitta zu einer Wanderung nach dem Stadtzentrum zurecht. Das Wetter war schön, und sie war so heiter, daß sie ein graues Kostüm und geschmackvolle, dazu passende Schuhe anzog. Mit ihrem schicken Hütchen, unter dem ihr blondes Lockenhaar hervorquoll, sah sie allerliebst aus.

Ganz junge Dame! dachte Frau Markloff, als sich Gitta bei ihr einfand. Das Mädel ist nicht nur gescheit und tüchtig, sondern hat auch Herzenswärme und natürlichen Scharm! Gitta ist ein Mensch, den man stets gern um sich hat.

„Auf Wiedersehen, Muttchen!“ sagte Gitta fröhlich und küßte Frau Markloff. „Ich gedenke einen Weg zu gehen, der mir recht leicht fällt!“

Die Pflegemutter lächelte Gitta herzlich zu.

„Das kann ich mir denken, Gitta!“

„Schau mich, bitte, an, Muttchen! Bin ich rundherum in Ordnung?“

Frau Markloff drehte Gitta langsam um und ließ prüfend die Blicke über sie gleiten.

„Gut, Kind! Viel Spaß, und bleib nicht zu lange aus! Hast du deine Ausweispapiere und das nötige Geld bei dir?“

„O gewiß, Muttchen! Soll ich etwas aus der Stadt mitbringen?“

„Danke, das ist heute nicht nötig!“

Gitta nahm ihre hübsche Handtasche vom Tischchen im Flur, betrachtete im Spiegel noch einmal kurz überprüfend ihre Gesamterscheinung, warf Frau Markloff im Hinausgehen ein Handküßchen zu und huschte davon.

Durch ein Straßenfenster schaute die Hausfrau ihr nach, bis sie verschwunden war. Ach ja, nun war Gitta kein Kind mehr, das man auf seinem Lebensweg geleiten konnte.

Ein wenig seufzend begab sich Frau Markloff in die Küche. Wenn sie auch nicht Gittas leibliche Mutter war, so sah sie diese doch ohne Einschränkung als Tochter an.

Gitta folgte der Bismarckallee unter den großkronigen Kastanien. Als sie am Lyzeum vorbeiging, ließ sie die Blicke voll

Genugtuung, in die sich aber auch ein wenig Wehmut mischte, über das große Gebäude gleiten.

Als sie über sich ein Flugzeug dröhnen hörte, blieb sie stehen, hob den Kopf und dachte: dort oben herrschen nicht die Enge und das Gedränge wie hier unten!

Am Roßmarkt angelangt, strebte sie auf die Geschäftsräume eines Reisebüros zu.

Gitta öffnete die Glastür und trat ein. Sie sah elegant angezogene Reisende und hörte fremde Laute. Gar nicht aufgeregt trat sie an die Theke und bat die freundlich lächelnde Angestellte um eine Flugkarte für die Reise nach Hamburg und zurück. Sie brachte auch ihre Wünsche hinsichtlich der Tage des Hin- und Rückflugs vor. Es waren noch Plätze frei, und so konnte sie nach Bezahlung des Flugpreises eine Weile auf die Ausfertigung des Flugscheins warten.

Sie dankte für die freundliche Aufforderung zum Platznehmen und setzte sich, stand aber bald schon wieder auf und betrachtete die an den Wänden aufgehängten Werbeplakate mit den Plänen und Bildern von Hochseedampfern und zweistöckigen Clippern. Andere Werbebilder luden zum Besuch von schönen Plätzen am Meer, in den Bergen und in alten Städten des In- und Auslandes ein. Gitta konnte gewissermaßen über den Zaun ihres bisherigen Lebenskreises schauen und fühlte sich in angenehmer Weise erhoben.

Endlich lächelte ihr die Angestellte, die über alle Flug- und Fahrpläne erstaunlich genau Bescheid wußte, wieder freundlich zu und winkte mit den Flug- und Gepäckkarten.

Beschwingt trat Gitta an die Theke und nahm die Karten in Empfang. Sorgfältig barg sie die Papiere in ihrer Handtasche, und dann bedankte sie sich noch einmal mit Lächeln und Kopfnicken und verließ das Reisebüro.

Aufgeschlossen wanderte Gitta weiter im Großstadtbetrieb durch die Straßen. Sie schlenderte auch durch die Kaufhäuser und an vielen Schaufenstern vorbei und genoß im Schauen und Bummeln die zeitweilige Pflichtenlosigkeit, der ja Monate starker geistiger Anspannung und erhöhter Leistung vorausgegangen waren.

Endlich fuhr Gitta mit der Straßenbahn die Bismarckallee

entlang und legte den Rest des Weges zu Fuß zurück. Es war Abend geworden, als sie zu Hause anlangte.

Klaus Markloff war vom Büro und Lagerplatz heimgekommen. Alma half beim Richten und Auftragen des Abendbrotes. Bodo war aus Darmstadt zurückgekehrt, wo er an der Technischen Hochschule studierte. Diplomingenieur wollte er werden. Sein Lieblingsfach war Motorenkunde. Er hoffte, sich später besonders auf die Konstruktion und Behandlung von Flugzeugmotoren einstellen zu können. Daher hatte er viel Verständnis für Gittas Neigung zum Beruf einer Luftstewardeß.

Gitta nahm das Hütchen ab und hängte es und auch die Kostümjacke an die Flurgarderobe. Dann entnahm sie ihrem Handtäschchen die wohlbehüteten Flugausweise und schwang sie, als sie das Eßzimmer betrat, über ihrem Kopf. Dabei rief sie:

„Juchhu, nun wird geflogen! Wer mag mitkommen? ... Guten Abend beisammen!"

„Laß sehen, Gitta!" riefen Alma und Bodo wie aus einem Munde.

Gitta reichte ihnen die Papiere, und Bodo und Alma betrachteten sie eingehend.

„Dürfen wir auch einmal gucken?" fragte Frau Markloff endlich unter Lächeln, worauf die Kinder sogleich ihr und dem Vater die Ausweise reichten.

Alma schaute Gitta an und fragte:

„Wirst du dein Testament machen, bevor du in die Lüfte steigst?"

Gitta lachte.

„Aber geh, Alma! Heutzutage ist die Flugsicherheit so groß, daß bei Kraftwagenunglücken ungefähr siebenmal mehr Menschen umkommen als bei Flugzeugkatastrophen. Dennoch fiele es so leicht keinem Menschen ein, auf die Benutzung von Autos, Motorrädern und Omnibussen zu verzichten."

„Man liest und hört aber doch immer wieder von Flugzeugunglücken."

„Allem, was mit dem Fliegen zusammenhängt, wird größte Aufmerksamkeit gewidmet. Von Autounglücken sind die Zeitungen voll, obgleich über solche, die jenseits der Landesgrenzen passieren, kaum berichtet wird. Dagegen wird aber jede Flugzeugkatastrophe ausführlich behandelt, auch wenn sie in vielen tausend Kilometern Entfernung vor sich ging. So kommt es, daß die Leser und Radiohörer den Eindruck gewinnen, der Kraftwagenverkehr sei sicherer als der Luftreisebetrieb."

Bodo bestätigte:

„Das stimmt, Gitta! Tagein, tagaus legen die großen Clipper gewaltige Entfernungen über Ländern und Meeren zurück, ohne daß man von unverhältnismäßig vielen Unglücken hörte."

Der Vater gab Gitta die Flugausweise nach einigem Prüfen zurück.

„Das freut mich, daß es, wie vorgesehen, möglich war, zwei Tage Aufenthalt in Hamburg einzuschieben. Da kannst du die Stadt und ihre Sehenswürdigkeiten und Eigenarten kennenlernen und uns nach deiner Rückkehr ausgiebig davon erzählen!"

Heiter entgegnete Gitta:

„Kann es eine schönere Aufgabe geben ...? Wie mache ich denn das mit dem Wohnen?"

Klaus Markloff lächelte.

„Wenn du ganz selbständig handeln willst, könntest du am Hamburger Hauptbahnhof den Wohnungsnachweis aufsuchen und dir ein Zimmer vermitteln lassen. Damit wir aber wissen, wo wir dich nötigenfalls erreichen können, werde ich dir im Baseler Hof telefonisch ein Zimmer bestellen. Dort habe ich schon gewohnt und weiß daher, daß du in diesem Hause gut untergebracht sein wirst. Wenn du das Flugzeug verläßt, weißt du dann bereits, wo du dich hinwenden mußt."

„Famos! Vielen Dank, lieber Vati!"

Alma schüttelte sich vor Unbehagen.

Gitta sah sie erstaunt an.

„Was hast du denn? Ist dir nicht gut?"

„Ich habe an die Luftkrankheit gedacht. Man hört so mancherlei darüber. Es muß schrecklich sein, wenn einem hoch in der Luft ähnlich übel zumute wird wie bei der Seekrankheit."

Gitta lachte gleichmütig.

„Ach, was du dir für Sorgen machst! Nicht jeder muß luftkrank werden, und man gewöhnt sich schließlich auch an das Fliegen!"

„Ich weiß nicht, ich weiß nicht ..."

Heiter begütigte Gitta:

„Nun, ich werde dir erzählen, wie es war, Alma!"

Bodo lächelte Gitta lustig zu.

„Recht so, Gitta! Laß dir nicht den Mut abkaufen! Ich wäre gern an deiner Stelle und hoffe sehr, daß auch ich bald einmal eine Luftreise machen kann!"

Während der nächsten Tage beschäftigte sich Gitta eifrig mit dem Packen ihres Koffers. Mehr als die fünfzehn Kilogramm Gepäck, die man frei auf dem Flug mitführen konnte, wollte sie nicht mitnehmen. Daher kam es darauf an, sich auf das Wichtigste zu beschränken.

Endlich war Gitta mit ihrer Auswahl zufrieden und wechselte nichts mehr aus. Sie wog den Koffer und zeigte den Inhalt Frau Markloff. Diese bestätigte die Zweckmäßigkeit der Zusammenstellung.

Schnell kam der Tag, für den Gitta ihre Luftreise hatte buchen lassen. Früh kleidete sich Gitta reisefertig an. Frau Markloff lachte, als die Pflegetochter schon lange vor der vorgesehenen Zeit im Kostüm bei ihr in der Küche erschien und die übliche Frage stellte, ob sie rundum in Ordnung sei.

Die Hausfrau antwortete:

„Nimm dein schickes Hütchen ruhig ab, und ziehe auch die Jacke noch einmal aus, denn erst mußt du ja ausgiebig frühstücken! Ich bin gerade dabei, dir deinen Reiseproviant herzurichten."

Gitta legte unter vergnügtem Lachen die Jacke ab.

„Ach, Muttchen, du brauchst mir doch gar nichts für die Reise mitzugeben, denn die Verpflegung ist ja im Flugpreis einbegriffen!"

„Wie, man kann auf der Luftreise auf Kosten der Fluggesellschaft essen und trinken?"

„Selbstverständlich, Muttchen! Man braucht erst aufzuhören, wenn man beim besten Willen nichts mehr in die Figur hineinpressen kann."

Die Pflegemutter lachte und schüttelte den Kopf.

„Diese Ausdrucksweise von euch jungen Leuten! Nun, um so besser! Aber einige belegte Brötchen kannst du ruhig mitnehmen, denn vielleicht wirst du in Hamburg nicht gleich die Gelegenheit haben, dir etwas zu essen zu besorgen und zu richten."

Gitta umarmte Frau Markloff.

„Ach, was bist du doch für ein gutes Muttchen!"

Frau Markloff legte die Hände auf Gittas Schultern und drehte das Mädchen langsam um. Dabei musterte sie kritisch deren Bluse.

Gitta fragte:

„Stimmt etwas nicht?"

„Doch, soweit ist alles in Ordnung, ich überlege nur etwas."

„Was denn?"

„Mir will scheinen, als sähe dein Blüschen etwas verwaschen aus. Für den Alltag mag es noch brauchbar sein, aber eine junge Dame, die mit einem Clipper reist, muß auch entsprechend gekleidet sein."

„Oh . . .!" machte Gitta. „Ich dachte, die Bluse ließe sich noch ein Weilchen für gut tragen. Jetzt wird mich das Gefühl beunruhigen, alle Mitreisenden betrachteten meine Bluse."

„Schäfchen! Glaubst du, ich würde dir das sagen, ohne nicht auch gleich Rat zu schaffen? Wir haben die gleiche Figur, und du hast ja schon öfter Kleidungsstücke von mir übernommen. Meine weißseidene Spitzenbluse hat dir doch immer gut gefallen?"

Vor Freude schlug Gitta die Hände zusammen und rief:

„Du wolltest, Muttchen?"

„Selbstverständlich, Kind! Warte einen Augenblick, ich werde die Bluse holen!"

Die Hausfrau begab sich in das Schlafzimmer und erschien alsbald wieder mit einer entzückenden Bluse aus weißer Seide, die mit allerliebsten Spitzen besetzt war. Sie hielt sie hoch, damit Gitta sie recht bewundern konnte.

Freudestrahlend zog Gitta ihre eigene Bluse aus. Gerade als sie die andere anlegen wollte, kam Alma in die Stube getänzelt. Alma gedachte Gitta auf den Flugplatz zu begleiten, denn das kleine Erlebnis war sicherlich netter als das Schreiben von Geschäftsbriefen im Büro des Vaters.

Nun schaute Alma ein wenig betroffen drein, als ihr bewußt wurde, daß Gitta die Bluse der Mutter, die sie natürlich kannte, anzog.

„Hm ...“, machte sie gedehnt und preßte dann hervor: „Fein siehst du aus, Gitta!“

Die Mutter erkannte den nicht ganz echten Ton der Tochter und äußerte, um keine unbehagliche Stimmung aufkommen zu lassen, leichthin:

„Nicht wahr, die Bluse paßt Gitta vorzüglich, und sie sieht auch recht nett darin aus? ... Für dich wäre sie ja zu eng.“

Als Alma gezwungen nickte und ein wenig den Mund verzog, denn sie ließ sich nicht gern an ihre Rundlichkeit erinnern, fuhr die Mutter freundlich fort:

„Weißt du, Alma, die beigen Slipper drücken mich doch mehr, als ich ursprünglich erwartet hatte. Dir passen sie aber gut. Möchtest du sie haben? Dann hole sie dir gleich!“

Sofort hellte sich Almas Gesicht auf. Glanz kam in ihre dunklen Augen.

„Fein, Muttchen! Vielen herzlichen Dank!“ Sie schlüpfte hinaus und kehrte kurze Zeit später mit den Schuhen zurück. Sie zog diese sogleich an, küßte die Mutter und äußerte dabei fröhlich:

„Du bist ein lieber Kerl, Muttchen!“

Frau Markloff seufzte insgeheim. Sie kannte ihre Alma. Diese war nicht frei von Eifersucht und Empfindlichkeit und fühlte sich manchmal sogar zurückgesetzt, wenn Bodo oder Gitta beim Essen zufällig bessere Teile erhielten. Hoffentlich konnte sich das sonst nette Mädel im Lauf der Zeit von diesen weniger angenehmen Zügen befreien. Es war manchmal nicht leicht, eine ausgewogene Stimmung zwischen den Mädchen zu erhalten.

Voll innerer Unruhe blickte Gitta immer wieder nach der Uhr.

Frau Markloff bemerkte die Unruhe Gittas und beschwichtigte:

„Keine Sorge, Kind! Wir werden zurechtkommen. Gewiß,

der Flugplatz liegt weit draußen, aber wir brauchen doch an keiner Straßenbahnhaltestelle zu warten, sondern können durchfahren!"

Die Mutter kleidete sich ebenfalls ausgehfertig an, denn auch sie wollte mitfahren und sehen, wie das Flugzeug Gitta davontrug.

Da ertönte das bekannte Hupensignal. Bodo war eingetroffen.

„Auf, auf, hinaus und dann hinauf in die Ferne!" rief Alma, ergriff Gittas Köfferchen, öffnete die Haustür und lud mit großartiger Handbewegung zum Verlassen der Wohnung ein.

Gitta reichte Anni die Rechte und verabschiedete sich von ihr. Dann folgte sie der Pflegemutter und Alma.

An der Gartentür drehte sie sich um und winkte Anni heiter zu.

Bodo mahnte vom Auto her:

„Munter, munter, ihr lieben Leute!"

Er half der Mutter beim Einsteigen. Auch Gitta und Alma nahmen Platz.

Bodo wandte den Kopf und schaute Gitta voll gespielter Anteilnahme und Besorgnis an und fragte:

„Willst du es dir nicht noch einmal überlegen, Gitta? Die Gewißheit, daß du hier unten heil auf deinen Füßen stehst, hast du. Ob du aber wieder herunterkommen wirst ...?"

„Das doch auf alle Fälle!"

Bodo setzte eine Leichenbittermiene auf.

„Fragt sich bloß wie!"

„Mein Testament ist gemacht!"

„Dann können wir ja starten!" Bodo ließ den Wagen anrollen.

Flott ging die Fahrt durch das Stadtinnere. Auf der durch den Stadtwald zum Flugplatz führenden Straße konnte das Tempo beschleunigt werden.

Der Wagen verließ den Wald. Voraus wurde das große Verwaltungsgebäude des Flugplatzes sichtbar. Ein riesiger silberner Vogel erhob sich eine Strecke dahinter in die Luft.

Der ausgedehnte, von Grasnarben geschmückte Vorplatz wurde passiert. Bodo steuerte nach dem Parkplatz. An der

Einfahrt stoppte er und entrichtete die Gebühr für das Betreten des Flugplatzes.

Bald hatte er einen Platz für den Wagen gefunden und stellte ihn ab. Dann öffnete er die Wagentüren und lud heiter ein:

„Eine Tasse Flugplatzkaffee gefällig? Oder wünschen die Herrschaften eine Rampenrundfahrt zu machen? Vor zuviel Sonne brauchen Sie keine Angst zu haben, denn die Wagen haben große Planen."

Alma antwortete im gleichen Ton:

„Heute sind wir nicht zu einer Besichtigungsfahrt aufgelegt. Verrate uns lieber, wo wir uns trennen müssen!"

Bodo machte ein wehmütiges Gesicht und deutete nach dem breiten Verwaltungsgebäude.

„Durch das Tor dort rechts muß sich Gitta zur Abfertigung begeben. Und wir wollen, denke ich, durch die Öffnung dort links gehen. Dann gelangen wir in das Flugplatzrestaurant und können Gittas Aufstieg in die Lüfte aus der Ferne miterleben."

Alma stöhnte:

„Ach . . .!"

Bodo bekräftigte:

„Nun wird es Ernst! Noch sind alle Möglichkeiten offen, Gitta!"

Alma stimmte zu:

„Muß es wirklich sein, Gitta?"

Diese lachte fröhlich.

„Selbstverständlich muß es sein! Ach, ich bin ja so gespannt und voller Erwartung!"

Bodo entgegnete:

„Nun, dann halte dich daran, Mädel, sonst dauert es nicht mehr lange, und aus den Lautsprechern im Hause und im Freien wird eine Stimme ertönen: ‚Fräulein Brigitte Renson, die für den Flug nach Hamburg gebucht hat, wird gebeten, sich bei der Abfertigung einzufinden!' Man ist sehr höflich im Luftverkehr."

„Oh, man wird, wenn es nötig ist, sogar dreimal um das Einfinden gebeten. Allerdings wird die dritte Einladung mit dem Bemerken schließen: ‚Dies war die letzte Aufforderung!‘ ... Lassen wir es also nicht dahin kommen!“

Gitta umarmte Frau Markloff und küßte sie.

„Auf Wiedersehen, Muttchen! Denke ein bißchen an mich! Den Flugplan kennst du ja!“

Frau Markloff nickte bewegt.

„Natürlich werde ich an dich denken und versuchen, mir vorzustellen, wo du wohl gerade bist und was du tust.

Alles Gute, mein Kind, viel, viel Freude, und auf frohes Wiedersehen!“

Nochmals küßte Gitta die Frau, die ihr Mutter geworden war, und dann bekam auch Alma ein Küßchen.

Alma drückte Gitta an sich.

„Mir ist ja so beklommen zumute! Wenn dir nur nichts passiert! Ach, warum mußt du so aus der Art schlagen und fliegen wollen! Es ist doch auch hier unten ganz schön!“

Gitta lachte hell auf.

„In drei Tagen werden wir uns hier so munter wiedersehen wie wir uns eben verabschiedet haben. Auf Wiedersehen!“

Alma schluchzte:

„Auf Wiedersehen, Gitta! Alles, alles Gute!“

Bodo ergriff Gittas Köfferchen mit der Linken und schob den rechten Arm unter den der Pflegeschwester. Ritterlich führte er sie zum Eingang des Verwaltungsgebäudes. Dort zwinkerte er ihr vergnügt zu.

„Alsdann: mach’s gut, Kleines!“

Sie reichte ihm die Rechte.

„Danke schön, Bodo! Auf Wiedersehen!“

Dann wandte sie sich in die Richtung von Pflegemutter und Alma, winkte beiden noch einmal zu und ging in das Verwaltungsgebäude.

Sogleich begab sie sich zur Abfertigung, ließ ihre Flugpapiere prüfen und trat alsdann in den Warteraum, von dem aus sie durch große Scheiben den regen Flugbetrieb übersehen konnte.

Gespannt beobachtete sie.

Bodo kehrte zur Mutter und zur Schwester zurück und geleitete beide in das Flughafenrestaurant. Hohe Bäume schenkten hier Schutz vor Sonnenstrahlen, die aber jetzt, im Frühjahr, noch nicht allzu stark waren.

Auf mit Kies bestreuten Wegen gingen die Zuschauer bis an die vordere Tischreihe und suchten sich hier gute Plätze. Sie lasen das große Schild mit der Aufschrift:

„Achtung! Propellerwind!"

Vor den Zuschauern breitete sich ein langes Wasserbassin mit Scheinwerfern aus. Es mußte ein schönes Bild sein, wenn die hellen Lampenbündel abends brannten und die hochstrebenden Wasserstrahlen beleuchteten. Welch freundlicher Empfang war das für die eintreffenden Fluggäste, und welch angenehme Erinnerung konnten die Abfliegenden mitnehmen!

Hinter dem „Bahnhof" breitete sich das riesige betonierte Vorfeld aus. Breite Rollstraßen führten davon aus zu den sechzig Meter breiten und eintausendachthundert und zweitausendvierhundert Meter langen Start- und Landebahnen.

Ursprünglich hatte Gitta geglaubt, die Flugzeuge würden unmittelbar hinter dem Verwaltungsgebäude landen und aufsteigen. Als sie aber einmal eine Weile zugeschaut hatte, wurde ihr klar, wie sich der Flugbetrieb abspielt.

Gitta schaute nach den Hoheitsabzeichen, die am Heck der Flugzeuge aufgemalt waren, und sah, daß manche das Sternenbanner, andere die Farben der französischen Trikolore oder der holländischen und belgischen Flaggen, das weiße Kreuz im roten Feld der Schweiz oder auch die Farben der nordischen Staaten trugen.

Ein großer rot angestrichener Tankwagen hatte bisher unter einem der Flugzeuge gestanden und durch einen Schlauch in dessen Behälter Kraftstoff gepumpt. Nun zogen Männer in blauen Arbeitsanzügen den Schlauch ein, und der Tankwagen rollte davon.

Monteure, welche die Motoren nachgeprüft hatten, schlossen die Klappen. Zwei Frauen verließen mit Reinigungsgeräten das Flugzeug. Männer in blauen Uniformen mit Goldtressen an den Unterärmeln gingen an Bord. Das war die Besatzung, der Flugkapitän, der Navigator, der Ingenieur, der Funker und der Obersteward.

Ah, da ging ja auch eine Stewardeß an Bord! Unwillkürlich

reckte sich Gitta. Wie gut das Mädel gewachsen war, wie vorzüglich ihr stahlblaues Kostüm saß, wie kleidsam die blaue Mütze war und wie sicher sich die Stewardeß bewegte!

Gitta seufzte ein wenig. D i e hatte es geschafft! Wenn es doch auch ihr gelänge!

Aus dem Lautsprecher erscholl die Stimme einer Frau. Sie sagte an, daß das aus Tokio über Karachi, Bagdad und Istanbul eingetroffene und über Amsterdam nach London bestimmte Flugzeug der KLM (Koninklijke Luchtvaart Maatschapij) startbereit sei. Die Ansagerin bat die Fluggäste, sich an Bord zu begeben und fügte hinzu, die Reisenden des Transitverkehrs würden gebeten, zuerst einzusteigen.

Gitta beobachtete, wie sich die Fluggäste an Bord begaben. Bald darauf wurde die Landetreppe von dem über acht Meter hohen Flugzeug weggeschoben, und die Tür im Rumpf schloß sich. Monteure drehten die Luftschrauben durch, ließen diese dann los und gaben den Weg frei.

Schnell und schneller drehten sich die Luftschrauben.

Nun nahmen die Männer in den blauen Arbeitsanzügen die Bremsklötze vor den großen Rädern weg, von denen der Clipper auf dem Fleck gehalten worden war.

Das Flugzeug rollte mit laufenden Motoren und sausenden Luftschrauben aus der Reihe der gelandeten Maschinen heraus und über eine der Verbindungsstraßen zum Ende einer Startbahn.

Dort drehte sich der Clipper gegen den Wind und brauste mit hoher Geschwindigkeit über den Flugsteig. Gitta sah voll Spannung, wie er sich vom Boden abhob, wie bereits beim Aufsteigen die Räder eingezogen wurden und wie sich die Klappen schlossen, so daß das Flugzeug sowenig wie möglich Luftwiderstand bot.

Prächtig ist das! dachte Gitta. Schon verschwindet der Clipper in der Ferne!

Wieder erscholl die Stimme der Ansagerin. Gitta horchte auf im Glauben, das für Hamburg bestimmte Flugzeug sei startbereit, es wurde jedoch bekanntgegeben, daß ein Clipper der Pan American World Airways System im Anflug sei und alsbald landen werde.

Gitta hielt Ausschau und dachte dabei: aha, deswegen wird die Start- und Landebahn freigehalten!

Ein großer Übersee-Clipper näherte sich in ruhigem Flug und senkte sich erstaunlich schnell. Das Laufwerk wurde herausgedreht, und gegen den Wind setzte er auf der Landebahn auf und rollte weiter. Schließlich schwenkte er in eine Verbindungsbahn ein und rollte mit sausenden Luftschrauben nach dem Vorfeld.

Hier stand ein Luftverkehrspolizeibeamter mit gelber Mütze. In jeder Hand hatte er einen Stab mit gelber Scheibe. Damit dirigierte er das Ozeanflugzeug in die Lücke in der Reihe der Clipper, die durch das Aufsteigen der Maschine der KLM entstanden war.

Das Bodenpersonal schob die Landetreppe an den blau angestrichenen Riesen mit den vier senkrechten Ruderblättern am Heck, auf die das Sternenbanner gemalt war. Das Motorengedröhn verebbte und erlosch endlich ganz, die Luftschrauben standen still, die Motorenklappen wurden geöffnet, und da kam auch schon der gleichfalls blau bemalte riesige Tankwagen angebraust. Der Verbindungsschlauch wurde angebracht. Tausende von Litern Kraftstoff wurden in aller Kürze in die Behälter des Flugzeugs geleitet.

Gleichzeitig wurde die Landetreppe angesetzt. Am Rumpf des Flugzeugs wurde die Tür geöffnet, und die Fahrgäste verließen den Clipper, der sie innerhalb von zehn bis zwölf Stunden sicher von New York über den Atlantik nach dem Rhein-Main-Flughafen getragen hatte.

Gittas erster Flug

Bald darauf wurden die Fluggäste eines nach Madrid bestimmten Clippers gebeten, sich an Bord zu begeben, und dann erscholl endlich die Einladung, auf die Gitta gewartet hatte. Die Fluggäste, die, wie sie, durch die Luft nach Hamburg reisen wollten, wurden von der Verwaltung durch den Lautsprecher zum Einsteigen aufgefordert.

Gitta erhob sich und atmete tief auf. Es war soweit!

War sie aufgeregt? Ach, sie hatte keine Angst. Weshalb sollte sie auch solche haben? Ging sie doch dem schönsten Erlebnis entgegen, das es für sie geben konnte. Wenn ihr Herz schneller schlug, dann nur, weil sie sich unsagbar freute.

Beschwingt schritt Gitta durch die Tür ins Freie und über das betonierte Vorfeld auf das Flugzeug der Deutschen Lufthansa zu.

Sie schritt weiter. Ein letztes Mal wandte sie sich am Fuß der Landetreppe um und winkte, dann ging sie schnell hinauf.

An der Tür stand eine Stewardeß in ihrem tadellos sitzenden blauen Gabardinekostüm und in gelber Bluse. Auf dem blonden Haar saß elegant die Mütze. Im Vorbeigehen erkannte Gitta an der Jacke und an der Mütze das weltbekannte Abzeichen der Deutschen Lufthansa, den stilisierten fliegenden goldenen Kranich.

Die junge Dame war einige Jahre älter als Gitta. Als Gitta sich zögernd umschaute, lächelte die Stewardeß ihr hilfsbereit zu und machte sie in liebenswürdiger Weise auf einen freien Fensterplatz aufmerksam.

Gitta dankte mit Lächeln und dachte dabei: es hat keinen Zweck, vor dieser erfahrenen Betreuerin die sichere Luftreisende spielen zu wollen. Die merkt doch bald, daß ich Neuling bin. Ich werde mich also ganz natürlich benehmen.

Gitta setzte sich und fand, daß der Polstersitz recht bequem war. Sie lehnte sich behaglich zurück und beobachtete, wie die anderen Fluggäste Platz nahmen. Das waren Damen und Herren, wie man sie auch in Eisenbahnzügen oder Kraftwagen sah. Die meisten Herren hatten Aktentaschen bei sich, die sie alsbald verstauten. Manche Gäste wußten offenbar bereits Bescheid, andere taten so.

Gitta sah durch das Fenster nach dem Restaurant. Ah, dort drüben standen die Angehörigen! Sie waren ganz nach vorn an das Geländer gegangen und winkten.

Bodo sagte mit gespielter Feierlichkeit:

„Gleich wird Gitta entschwinden!“

Die Mutter beschwichtigte:

„In drei Tagen wird sie ja wieder da sein!“

Alma seufzte:

„Hoffen wir es!“

Gitta hob die Hand und winkte ebenfalls.

Die Motoren begannen zu brausen und zu dröhnen. Zittern durchlief das Flugzeug. Gitta konnte nicht sehen, daß das Bodenpersonal draußen die letzten Handgriffe tat, aber sie wußte, daß die Motorenklappen geschlossen worden waren und die Männer in blauen Arbeitsanzügen den dicken Schlauch verstaut und den großen Tankwagen weggefahren hatten, um ihn über eine Leitung aus dem unterirdischen Kraftstofflager heraus für den Bedarf des nächsten Flugzeugs sogleich aufzufüllen.

Das Flugzeug setzte sich in Bewegung. Die Männer hatten also die Bremsklötze, mit denen die großen Räder blockiert waren, zur Seite gezogen.

Gitta verlor die Angehörigen aus den Augen. Voll starker Anteilnahme schaute sie über den Flugplatz. Der Clipper rollte, von seinen Motoren vorwärts bewegt, über eine breite Betonstraße zwischen grasbewachsenen Flächen dahin. Er kam flott von der Stelle.

Gitta konnte über das weite Gelände bis an den Rand des ausgedehnten Waldes und bis zu den Hangars des Militärflugplatzes schauen. Ihr Herz schlug höher. Sie träumte nicht, nein, sie saß wirklich in einem Flugzeug, und gleich würde sie sich damit zum erstenmal in die Lüfte erheben!

Der Clipper schwenkte auf die Startbahn ein. Das Dröhnen der Motoren verstärkte sich, und die Umrisse der Landschaft glitten schneller nach hinten. Das Flugzeug hatte seinen Lauf außerordentlich beschleunigt.

Und nun raste es geradezu wie ein Rennwagen über die Startbahn dahin!

Rollen wir noch? Oder fliegen wir bereits? fragte sich Gitta und schaute voll verstärkter Spannung zum Fenster hinaus.

Die Erde blieb zurück. Schräg aufwärts strebte das Flugzeug dem Himmel entgegen. Wie schnell es stieg! Weit unten lag bereits der Flugplatz mit dem Verwaltungsgebäude und den jetzt gut übersehbaren Roll- und Startbahnen.

Ah, nun befand sich der Clipper über dem Wald! Er stieg

weiter. Dort drüben breitete sich das gewaltige Häusermeer der Riesenstadt Frankfurt am Main aus, durch das sich im Sonnenschein golden glänzend das breite Band des Mains zog.

Die Stewardeß schritt durch den Gang zwischen den Sitzen und sagte:

„Bitte die Gurten festschnallen!"

Sie wiederholte auf englisch:

„Fasten your seatbelts, please."

Gittas Blick glitt an der sympathischen jungen Dame vorbei und wurde von der Leuchtschrift gefesselt, die über dem Eingang zur Pilotenkanzel sichtbar wurde. Gitta las die gleiche Aufforderung und dachte: aha, es könnte jemand schwerhörig sein oder auch aus einem anderen Grund die Mahnung nicht mitbekommen.

Also mußte man die Gurten festschnallen. Aber wie machte man das?

Gitta legte die Gurten um sich herum, kam aber nicht mit dem Verschluß zurecht.

Die Stewardeß schritt durch den Gang. Den Fluggästen, die mit dem Angurten nicht selbst fertig wurden, half sie geschickt und schnell.

Sie beugte sich auch zu Gitta nieder.

„Schauen Sie, so funktioniert das! Ein ... aus! ... Versuchen Sie es einmal!"

Gitta probierte und fand, daß der Verschluß leicht zu behandeln war. Sie erwiderte das Lächeln der Luftbegleiterin.

„Vielen Dank! Vor dem Fallen vom Sitz wäre ich also gesichert!"

Die Stewardeß nickte und schritt weiter zum nächsten Fluggast, für den das Angurten etwas Neues war.

Ob ich wohl luftkrank werde? dachte Gitta. Nur das nicht! Wie unangenehm wäre das!

Sie merkte keine Veränderung in ihrem Befinden. Sehr erfreut bekräftigte sie bei sich: ach, warum sollte ich denn luftkrank werden? Es wird ja schließlich auch nicht jeder seekrank. Die Luftkrankheit existiert für mich nicht, und damit basta!

Wenn Gitta nicht zum Fenster hinausschaute und weit unten die wechselnden Städte- und Landschaftsbilder nicht sah, merkte sie, abgesehen vom Motorengedröhn, nicht viel vom Fliegen. Bequem hatte man es an Bord, das mußte sie sagen.

Gitta sah sich aufmerksam um. Alles, was mit dem Fliegen und dem Clipper zusammenhing, interessierte sie. In einem Netz sah sie Zeitschriften und Prospekte liegen und griff nach dem Werbematerial. Daraus konnte sie entnehmen, daß der Clipper eine Maschine des Musters „Convair 340" war, die bei einer Reisegeschwindigkeit von vierhundertundfünfzig Kilometern in der Stunde vierundvierzig Fluggäste befördern konnte. Die Spannweite des Clippers betrug fast achtundzwanzig Meter, die Länge nahezu dreiundzwanzig Meter, die Höhe über acht Meter. Das Startgewicht belief sich auf ungefähr achtzehn Tonnen. Aber der Clipper steigt und fliegt! dachte Gitta voll Bewunderung.

Den Aschbecher neben der Armlehne brauchte Gitta nicht, denn sie war Nichtraucherin. Sie drückte aber ein paarmal auf den Knopf und ließ ihn herausspringen. Es machte ihr Spaß, dabei zu sehen, wie gut der Mechanismus funktionierte.

Mit dem Drücken auf den oberen Knopf konnte man die Stewardeß herbeirufen. Gitta überlegte: sollte sie einmal versuchen, ob sich die junge Dame mit der schicken Mütze und dem kleidsamen Kostüm schnell einfinden würde? Aber das wollte sie lieber unterlassen, denn das Mädel hatte sichtlich so viel zu tun, daß es nicht nett gewesen wäre, es auch unter einem glaubhaften Vorwand unnötigerweise zu bemühen.

Gitta horchte auf, denn die Luftbegleiterin teilte vom vorderen Ende des Ganges aus auf deutsch und englisch mit, daß die Flugzeit bis Hamburg achtzig Minuten betrage.

Wie schade, daß wir so schnell am Ziel sein werden, dachte Gitta. Von mir aus könnte der Flug sehr viel länger dauern.

Wenige Minuten später fragte die Luftbegleiterin, wem sie das Mittagessen reichen dürfe. Auch diese Frage wurde auf deutsch und auf englisch gestellt.

Die meisten Gäste baten um das Essen. Da sie einer der jüngsten Fluggäste war und weil sie, wie sie sich gestand, auch erst einmal sehen wollte, wie sich die anderen verhielten, wartete Gitta eine kleine Weile. Dann bat auch sie um das Essen.

Sie staunte, wie flott sich die Bedienung abwickelte. Die Stewardeß entnahm einem an der Wand entlang laufenden Netz ein Kissen und legte es mit der Bitte um Aufmerksamkeit auf die Knie der Luftreisenden. Darauf stellte sie das Speisenbrett.

Auch Gitta erhielt ihr Kissen und ihr Tablett. Die Platte war so reichhaltig mit einem Fleischgericht, mit Kartoffeln und Gemüse sowie mit Kaffee, Sahne, Zucker, Gebäck und Eis besetzt, daß Gitta staunte, daß sie so viel aufnehmen konnte. Ehe Gitta zu essen begann, bewunderte sie die zweckmäßige Einrichtung der Speisenplatte, denn diese hatte Vertiefungen, in die Teller, Tassen, Schüsselchen und Kännchen so genau paßten, daß sie nicht rutschen oder umfallen konnten.

Entzückend sinnreich, bequem und angenehm! dachte Gitta. Und wie gut alles schmeckte! Zwar hatte Gitta keinen großen Appetit, aber dem Erlebnis zuliebe ließ sie sich alles munden. Um die Einhaltung einer Reihenfolge kümmerte sie sich dabei weiter nicht. Sie aß einmal von dieser Schüssel und einmal von jener. Das Speiseeis sparte sie sich bis zuletzt auf und genoß es voll Behagen.

Die Stewardeß bot auch Zigaretten, Zigarren, Whisky und andere alkoholische Getränke an, aber hier griff Gitta nicht zu. Sie gab das Tablett zurück und freute sich wiederum innig, daß sie keine Anzeichen von Luftkrankheit bemerken konnte.

Gitta folgte der Betreuerin mit Blicken. Wie gut sah diese aus, wie spielend ging ihr alles von der Hand, wie ausgeglichen war sie, und wie mühelos fand sie bei aller Arbeit noch die Zeit, die Fragen der Fluggäste über die Landschaft tief unten, über die Größe des Flugzeugs und sein Baumuster, über die Motoren, über Anschlüsse, über Sehenswürdigkeiten Hamburgs und vieles andere zu beantworten.

Wenn die Luftbegleiterin deutsch angesprochen wurde, erwiderte sie in deutscher Sprache, wenn sie auf englisch oder französisch gefragt wurde, so gab sie genau so selbstverständlich und flüssig in diesen Sprachen Bescheid.

Luftstewardessen müssen sehr gebildet, vielseitig interessiert und beschlagen und ungemein gewandt sein, dachte Gitta. Sie sind mehr als Serviererinnen, denn sie vertreten ja als Betreuerinnen die Fluggesellschaft, sie erfüllen gewissermaßen die Pflichten einer Hausfrau oder Hausdame. Die von Alma aus Neckerei geprägte Bezeichnung Luftfee war eigentlich recht hübsch.

Aus tiefstem Herzensgrund wünschte Gitta: ach, wenn ich doch Luftstewardeß werden könnte!

Gitta neigte das Gesicht an das Fenster und schaute in die Tiefe. In stetigem Flug strebte der Clipper hoch über Städten, Dörfern, Feldern, Wäldern, Flüssen und Seen nach Norden. Wie eine riesige Hochbildkarte breitete sich die Landschaft aus.

Gitta hatte sich eine Landkarte von Mittel- und Norddeutschland mit großem Maßstab besorgt und breitete das Kartenblatt, das sie gerade brauchte, auf ihren Knien aus.

Von Zeit zu Zeit sagte die Stewardeß an, über welchem Gebiet man flog. Gitta bereitete es Vergnügen, unabhängig davon selbst die Flugstrecke erkennen und verfolgen zu können.

Das war allerdings etwas anderes als die Welt vom Auto oder vom Eisenbahnabteil aus zu sehen!

Wieviel weiter war das Blickfeld als von der Erde aus! Wie wundervoll war das, alles, was diese bedeckte, zunächst ganz klein wahrzunehmen und dann zu sehen, wie es mehr und mehr wuchs und nach dem Darüberfliegen allmählich wieder in der Ferne verschwand. Wie schnell die Bilder wechselten, als glitten sie wie in einem Film vorbei.

Schön, wundervoll war das! Gitta hatte ein Hochgefühl, wie bisher noch nie in ihrem Leben.

Ein breites Flußband zog sich unten hin. Schiffe fuhren darauf. Landstraßen folgten den Ufern, auf denen Kraftwagen dahinjagten. Manchmal spannten sich Brücken über den Strom. Wunderlich klein sahen Menschen, Tiere und Fahrzeuge aus.

Das konnte nur die Elbe sein! Voraus wurden Häusermassen erkennbar. Die Zwei-Millionen-Stadt Hamburg war erreicht!

Bedauern wurde in Gitta wach, aber da war nichts zu ändern. Sie wollte mit dem Erlebnis zufrieden sein und sich darüber freuen, daß die Belohnungsreise auch zwei Tage Aufenthalt in Hamburg und die Rückkehr auf dem Luftweg einschloß.

Die Luftbegleiterin kündigte mit ihrer wohlklingenden

Stimme die bevorstehende Landung an und gab weiter bekannt, daß das Fluggepäck an die Ausgabestelle gebracht werde und dort in Empfang genommen werden könne.

Alles ist vorzüglich organisiert, dachte Gitta.

Auch die Leuchtschrift zeigte die Landung an.

Gitta schaute wieder voll Spannung zum Fenster hinaus. Das Flugzeug schwebte über dem Hafenbecken, über der Alster und über der Riesenstadt dahin und nahm Kurs nach dem Flughafen und der Werft der Deutschen Lufthansa Hamburg-Fuhlsbüttel. Als der Clipper den Platz umflog, dachte Gitta: aha, wir müssen von der anderen Seite her gegen den Wind zum Landen ansetzen!

Gittas Vermutung traf zu. Das Flugzeug holte weit aus, hielt auf eine der wohl zwei Kilometer langen Bahnen zu und verlor dabei schnell Höhe. Ziemlich am Anfang der breiten Betonstraße setzte das Flugzeug sanft auf und rollte darauf weiter. Da die Motoren gedrosselt wurden und das Rollen den Schwung aufzehrte, verlor das Flugzeug allmählich an Schnelligkeit.

Schließlich rollte es auf einer Verbindungsbahn auf das Vorfeld, wo ein Luftverkehrspolizist dem Piloten mit Hilfe der zwei Winker mit gelben Scheiben einen Platz zwischen zwei anderen Clippern anwies. Geschickt manövrierte der Pilot das Flugzeug an die vorgesehene Stelle.

Aufatmend lehnte sich Gitta zurück. Wohlbehalten war sie am Ziel angelangt! Ihr war zumute, als wäre die Flugzeit viel länger als achtzig Minuten gewesen.

Vor und hinter Gitta erhoben sich Damen und Herren und strebten der Treppe zu, die an die Tür im hohen Rumpf geschoben worden war. Gitta hatte keine Eile. Sie ließ die anderen Gäste vor und schaute sich wieder aufmerksam in dem Flugzeug um.

Ihr Blick tauchte in den der Luftbegleiterin. Gitta machte eine Bewegung mit dem Kopf, die ausdrücken sollte: gern würde ich noch einmal schnell durch den Gang gehen!

Die Stewardeß verstand, lächelte und nickte, und schon wanderte auch Gitta bis an den Eingang zum Führerstand. Dann kehrte sie um und strebte bis zum Heck des Flugzeugs, in dem sich die erstaunlich zweckmäßig eingerichtete kleine Küche befand.

Gitta steckte den Kopf durch den Türspalt und rief der zweiten Stewardeß einen freundlichen Gruß zu, den diese in gleicher Weise und mit der Einladung zum Eintreten erwiderte. Gitta ging in den Raum und ließ sich die Signaltafel im Hintergrund erklären, an der Lichter aufflammten, wenn ein Fluggast die Hilfe einer Luftbegleiterin wünschte. Hier befand sich auch das Bordtelefon, mit dessen Hilfe sich die Stewardeß mit der Besatzung verständigen konnte. Gitta bedankte sich für die Unterweisung und verabschiedete sich. Ihr Herz war so übervoll, daß ihr Mund überfloß. Als sie an der anderen Stewardeß vorbeiging, äußerte sie:

„Ach, wie wunderschön war das!“

Die junge Dame lächelte ihr verständnisvoll zu.

„Ja, das Fliegen ist herrlich!“

„Können Sie nicht noch eine Stewardeß brauchen?“

„Sie hätten Lust, Stewardeß zu werden?“

„In allem Ernst!“

„Wie alt sind Sie denn?“

„Neunzehn Jahre.“

„Und welche Schulbildung haben Sie?“

„Vor kurzem habe ich die Reifeprüfung an einem Lyzeum bestanden. Zur Belohnung darf ich diese Luftreise machen.“

Die Stewardeß ließ prüfend die Blicke über das hübsche junge Mädchen mit den begeistert leuchtenden Augen gleiten.

„Nun, so lassen Sie sich doch einmal das Merkblatt mit den Bedingungen für die Anstellung von Luftbegleiterinnen von der Deutschen Lufthansa schicken, und bewerben Sie sich, wenn Sie glauben, allen Anforderungen genügen zu könnnen. Vielleicht wird es klappen!“

Gitta nickte lebhaft.

„Herzlichen Dank für diese Auskunft und für die liebenswürdige Betreuung! Alles Gute!“

„O bitte, es ist ja meine Aufgabe, unseren Gäste den Flug so angenehm wie möglich zu machen. Vielen Dank für die guten Wünsche, und ebenfalls alles Gute! Auf Wiedersehen, vielleicht eines Tages im Zeichen des goldenen Kranichs!“

„Hoffentlich, hoffentlich! Auf Wiedersehen!"

Sie stieg die Treppe hinab und begab sich nach dem Verwaltungsgebäude. Alsbald konnte sie dies nach der Erledigung der üblichen Formalitäten mit ihrem Handkoffer verlassen.

Ein bedeutungsvoller Entschluß

Gitta fuhr mit dem Zubringerdienst der Lufthansa nach der Stadtmitte und traf alsbald auf dem mit alten Alleebäumen bestandenen Esplanadeplatz ein.

Sie betrat die Vorhalle des Baseler Hofs und gab sich zu erkennen. Auf Grund der Voranmeldung war ein Zimmer für sie freigehalten worden. Als sie die Anmeldung ausgeschrieben hatte, ergriff ein Page ihren Koffer. Gleichzeitig nahm er den Zimmerschlüssel von dem großen schwarzen Brett mit den vielen Zimmernummern und Schlüsseln und ging voraus. Mit dem Fahrstuhl war bald das zweite Stockwerk erreicht. Als Gitta dann in ihrem Zimmer saß, reckte und streckte sie sich. Sie lächelte sich im Spiegel zu und sagte belustigt:

„Nun bist du richtig erwachsen, Gitta Renson! Allein hast du eine Flugreise unternommen, und jetzt darfst du ganz ohne Aufsicht zwei Tage in Hamburg bleiben. Aber was heißt schon Aufsicht, gelt? ... Die beste Aufsicht bist du dir selbst!"

Mit dem Handtuch drehte sie sich eine Kopfbedeckung, die auf eine Stewardeßmütze hinauskommen sollte, und stellte sich damit vor den Spiegel. Zwar war das Ding nicht so fesch wie ein Käppi, aber sie glaubte, sehen zu können, daß ein solches ihr ausgezeichnet stehen würde, wenn es später einmal soweit war ...

Ach, wenn doch etwas daraus würde!

Gitta machte sich frisch. Hunger hatte sie dank der guten Mahlzeit an Bord des Flugzeugs keinen. Bald wurde es ihr zu eng in dem Zimmer. Sie war ja auch nicht nach Hamburg gekommen, um im Hotel zu sitzen, und noch war nicht Abend!

Vom Flugzeug aus hatte Gitta die Außen- und Binnenalster

gesehen und sich vorgenommen, sie aufzusuchen. Nun hatte sie keinen weiten Weg, denn vom Esplanadeplatz aus brauchte sie nur um die Ecke zu gehen und stand dann auf den Lombardsbrücken, welche die Außen- und die Binnenalster trennen und unter denen die Motorboote und Lastkähne durchfuhren.

Der Tag neigte sich. Es wurde dunkel und kühl. Gitta war froh, daß sie den Mantel angezogen hatte. Sie schlenderte über den Jungfernstieg die Binnenalster entlang und genoß das herrliche Bild.

Gitta blieb ab und zu stehen und versenkte sich in das großartige Abendbild. Sie wußte, daß sie dies nie vergessen würde.

Sie bog nach dem Rathausplatz ein und folgte der Mönckebergstraße. Von Frankfurt her war sie an große Geschäftshäuser gewöhnt. Dennoch staunte sie angesichts der zahlreichen stattlichen Gebäude.

Später kehrte Gitta in das Hotel zurück. Das Abendbrot schmeckte ihr so gut wie noch selten, und sie schlief ausgezeichnet.

Früh schon war Gitta wieder auf den Beinen. Sie wollte die Zeit, die ihr für den Besuch Hamburgs bewilligt worden war, so gründlich wie möglich nützen.

Bald befand sie sich auf dem Weg durch die Stadt. Sie strebte über den Gorch-Fock-Wall und den Holstenwall der Michaeliskirche zu und ließ sich von dem Fahrstuhl auf dessen hunderteinunddreißig Meter hohen Turm tragen. Sie hatte Hamburg vom Flugzeug aus gesehen, aber die Eindrücke hatten naturgemäß schnell gewechselt. Nun wollte sie die Stadt in aller Ruhe von oben betrachten.

Dazu bot der altberühmte Turm die beste Gelegenheit. Die Sicht war gut. Ein frischer Wind wehte. Von diesem ließ sich Gitta aber nicht stören, sondern sie genoß voll Hingabe die Aussicht auf den großen Hafen und das Häusermeer mit seinen unzähligen Dächern und zahlreichen Türmen.

Das Brummen und Tuten der Dampfersirenen klang bis hier herüber. Gitta, das Binnenlandkind, wurde von den ungewohnten Bildern, die der Hafen bot, so lebhaft gefesselt, daß sie beschloß, ihn alsbald zu besichtigen.

Barkassen, Fischdampfer, Fähren und Ausflugsdampfer hatten hier angelegt. Große Schilder wiesen auf die Hafenrundfahrten hin.

Gitta löste eine Fahrkarte und begab sich an Bord des Dampfers, der zwei Verdecke hatte. Wo war wohl der günstigste Platz?

Gitta entschied sich für das Oberdeck und stieg die Treppe hinauf. Die Reling entlang waren Bänke angebracht. Gitta fand, daß man wohl vom Heck aus die beste Aussicht habe. und setzte sich dort.

Erwartungsvoll sah sie sich um. Das Deck hatte zum Schutz gegen Unwetter ein Dach. Daran waren Lautsprecher angebracht. Große Truhen enthielten, wie die Aufschriften verrieten, Rettungsschwimmgürtel.

Schwimmen kann ich, dachte Gitta, aber zu dieser frühen Jahreszeit wäre ein kaltes Bad keine Annehmlichkeit.

Gittas Blicke glitten weiter. Träge strebten die Fluten der Elbe der Nordsee zu. Zehn bis zwölf Meter war die Elbe hier tief. Zahlreiche weitere Schaulustige fanden sich ein, und endlich ertönte das Glockenzeichen zur Abfahrt.

Der Dampfer legte ab und begann seine Rundfahrt durch die verschiedenen Hafenbecken. Was gab es da nicht alles zu sehen und aus dem Munde des Fremdenführers zu hören!

An den Kais und an den Dückdalben, den riesigen Pfahlbündeln, lagen kleine und große Überseedampfer und löschten ihre Ladung oder nahmen solche über. Da waren Dampfer, die aus dem Fernen Osten, aus Südafrika, aus Nord- und Südamerika, aus Westindien und aus Großbritannien und den nordischen Ländern kamen oder dorthin bestimmt waren.

Auf den Hellingen der Werften gingen Schiffsneubauten der Fertigstellung entgegen. Da dröhnten Dampfhämmer und leuchteten weißglühend die Flammen der Schweißgeräte. Überall wurde fleißig geschafft.

Gitta beobachtete voll stärkster Anteilnahme, befand sie sich doch an einem Tor zur Welt, die sie gar zu gern kennenlernen würde.

Wie gewaltig groß waren die Hafenbecken! Hamburg hatte ja nicht nur ein großes Becken, sondern eine ganze Anzahl, und alle waren nicht etwa Docks mit Schleusentoren, sondern sie waren offen, und Ebbe und Flut machten sich bis hierher bemerkbar, obgleich Hamburg über hundert Kilometer oberhalb der Elbmündung lag.

„Das war schön!“ sagte Gitta, als sie nach dem Wiederanlegen des Dampfers die Landungsbrücke betrat.

Am nächsten Tag fuhr Gitta mit einem Ausflugsdampter nach Cuxhaven an der Elbemündung. Diesmal setzte sie sich an den Bug, so daß sie den breiten Strom übersehen konnte.

Bagger arbeiteten im Fluß und hielten die Fahrrinne frei. Am rechten Ufer grüßten von Blankenese aus stille Landhäuser.

Immer mehr verbreiterte sich der Fluß zur Trichtermündung, und dann dehnte sich voraus das Meer aus.

Als der Dampfer in Cuxhaven angelegt hatte, benützte Gitta die Zeit bis zur Rückkehr am Nachmittag zu einer Wanderung auf dem Dünendamm in der Richtung des Seebads Duhnen.

Soweit man schauen konnte, dehnte sich das Meer aus. Das war es, was Gitta hatte erleben wollen. Große, von Sonnenstrahlen vergoldete Wasserflächen hatte sie auch an den oberbayerischen Seen bestaunen können, aber dort sah man die jenseitigen Ufer und Berge und Wälder im Hintergrund. Hier jedoch flossen scheinbar in der Ferne Himmel und Wasser zusammen.

Beruflich mit dem Fliegen verbunden zu sein, das wäre herrlich. Gittas Wunsch, Luftstewardeß zu werden, verdichtete sich auf dieser Strandwanderung zum festen Entschluß, alles aufzubieten, um ihr Ziel zu erreichen.

Sie setzte sich auf eine der in Abständen auf dem Dünendamm stehenden Bänke und schaute lange in die Ferne. Von Zeit zu Zeit erschienen Rauchwolken über der Kimmung. Allmählich erhob sich ein Schornstein darüber, und dann tauchte ein Dampfer auf, der beim Näherkommen wuchs.

Nie hatte Gitta in ähnlicher Weise den Beweis dafür erleben können, daß die Oberfläche der Erde wirklich gekrümmt ist.

Sie beobachtete, wie die Dampfer und Tanker von verschiedenen Größen der Elbmündung zustrebten und flußaufwärts fuhren. Andere verließen die Elbe, wurden auf der Fahrt in die Ferne allmählich kleiner und verschwanden endlich jenseits der Kimmung.

Widerstrebend stand Gitta endlich auf. Sie hätte noch stundenlang sitzen und schauen und die herbe Seeluft mit vollen Zügen atmen mögen, aber sie mußte ja an Bord des Dampfers zurückkehren. So wanderte sie denn, auch jetzt noch diesen Lebenshöhepunkt freudig genießend, zu der Landebrücke zurück und ging an Bord.

Bald legte der Dampfer ab und strebte stromaufwärts. Als sich Gitta einige Stunden später wohlig müde im Bett streckte, ließ sie die Hamburger Erlebnisse an ihrem geistigen Auge vorbeigleiten. Sie schlief mit dem Bewußtsein ein, daß der Flug und das Erlebnis des Meeres für sie von entscheidender Bedeutung waren.

Am folgenden Tag fuhr Gitta mittags mit der Straßenbahn zum Flugplatz hinaus. Eine innere Heiterkeit beschwingte sie, wie sie sie bisher noch nie gekannt hatte. Sie sah ein Ziel vor sich, sie hatte Klarheit über die Art, wie sie ihr Leben gestalten wollte.

Munter passierte sie im Verwaltungsgebäude des Flugplatzes die Sperre. Sie gab ihren Handkoffer ab und beobachtete während der Wartezeit das Landen, das Abfertigen und das Starten der Flugzeuge.

Endlich wurde zum Besteigen des nach Frankfurt am Main bestimmten Clippers eingeladen. Gitta schloß sich den Fluggästen an, die auf das Vorfeld hinaustraten, und schritt auf das große Flugzeug zu. Flink stieg sie die Treppe hinauf.

Der Luftstewardeß dankte sie mit fröhlichem Gruß und heiterem Lächeln für den Hinweis auf einen guten Platz. Dieser lag wieder so, daß Gitta nicht durch die Flugzeugkanzel und die Flügel am Genießen der Aussicht gehindert wurde.

Gitta setzte sich und gurtete sich sogleich an.

Die Stewardeß fragte, ob Gitta Zeitschriften oder Zeitungen lesen wolle, aber diese dankte freundlich. Nein, wenn man das

Flugerlebnis noch so erregend empfand, las man im Flugzeug nicht. Das mochte alten Flughasen überlassen bleiben, denen das Fliegen nichts Neues mehr bedeutete.

Als die Türe geschlossen wurde, als sich die Motoren warmliefen und der Clipper über die Startbahn rollte und schließlich beim Aufsteigen gegen den Wind dahinbrauste, paßte Gitta gut auf. Sie wollte die Augenblicke erkennen, in denen sich das Flugzeug vom Boden abhob, aber dann sah sie, daß dies schon schnell stieg, ohne daß sie den Beginn des Fliegens bemerkt hätte.

Ade, Hamburg! dachte Gitta bei dem Flug über das Häusermeer und über die Alster und Elbe. Hoffentlich bleibt dies nicht mein einziger Besuch. Hamburg, dir danke ich viel!

Das Wetter war nicht so gut wie vor einigen Tagen. Die Wolken hingen tief, und die Sicht war schlecht.

Öfter verlor Gitta die Erde aus dem Blickfeld. Dann schaute sie in Nebel, der das Flugzeug wie eine graue Masse einhüllte.

Aber der Clipper zog seine Bahn in schöner Gleichmäßigkeit weiter. Manchmal stieg er über die Wolken. Dann sah Gitta deren eigentümliche Formen von oben. Wie erregend seltsam war das, Wolken unter sich zu sehen, die von den Sonnenstrahlen vergoldet wurden, und wie wundervoll war es, immer wieder durch Wolkenlöcher auf die Erde schauen zu können.

Je weiter das Flugzeug über Städte, Dörfer, Berge, Wälder und Gewässer nach Süden gelangte, desto mehr klärte sich das Wetter auf. Als Frankfurt angeflogen wurde, herrschte gute Sicht.

Gitta schaute besonders aufmerksam aus. Der Höhenzug dort war der Taunus, die Flüsse waren der Main und der Rhein, und nun ging es auf den Flugplatz zu!

Schnell verlor der Clipper Höhe und setzte von Osten her zum Landen an. Also herrschte Westwind. Nur schwach war die Erschütterung, als das Flugzeug über der Landebahn ausschwebte und aufsetzte.

Es rollte weiter, schwenkte nach rechts in eine Verbindungsstraße ein, erreichte das große betonierte Vorfeld, nahm den vom Luftverkehrspolizisten mit den gelben Scheiben zugewiesenen Platz ein und ließ die Luftschrauben auslaufen.

Schon rollte auch der Tankwagen heran, und die Treppe wurde herbeigeschoben.

Gitta hielt nach den Angehörigen Ausschau. Diese wußten ja, daß sie mit diesem Clipper zurückkehren würde.

Dort drüben am Geländer des Flugplatzrestaurants standen Frau Markloff und Alma und winkten mit Taschentüchern, obgleich sie Gitta hinter dem Fenster wohl nicht erkennen konnten.

Gitta löste die Gurten und stand auf. Auch diesmal ließ sie allen anderen Fluggästen den Vortritt. Dann sah sie sich noch einmal abschiednehmend in dem Flugzeug um und ging auf die Tür zu.

Im Vorbeigehen ergriff sie die Rechte der hübschen und angenehmen Stewardeß und drückte sie.

„Herrlich war es! Ich danke Ihnen für die reizende Betreuung! Auf Wiedersehen!"

Von der obersten Stufe der Treppe aus winkte Gitta den Angehörigen zu. Dann stieg sie leichtfüßig hinunter und ging über das Vorfeld nach dem Verwaltungsgebäude. Bald hatte sie ihren Koffer erhalten, und jetzt strebte sie eilig ins Freie.

Frau Markloff und Alma kamen ihr entgegen. Gitta lief auf sie zu, stellte den Koffer ab und flog der Pflegemutter an den Hals und küßte sie. Dann umarmte sie auch Alma und jubelte:

„Da bin ich wieder! Wundervoll war es! Ich finde nicht die Worte, um alle meine Empfindungen ausdrücken zu können!"

„Na, dann erzähle so, wie dir der Schnabel gewachsen ist!"

Gitta sah sich suchend um.

„Hatte Bodo heute keine Zeit?"

Frau Markloff schüttelte den Kopf.

„Nein, er konnte die heutige Vorlesung nicht versäumen. Aber wir haben den Wagen. Alma wird steuern.

Kommt, Kinder!"

Die Mädchen begleiteten Frau Markloff zu dem Kraftwagen, und bald fuhr dieser über die gute Straße nach dem Innern der Stadt und durch die Bismarckallee nach der Kinkelstraße.

Da sich der Tag bereits neigte, fanden sich auch Vater Markloff und Bodo bald ein.

Gitta begrüßte die beiden so aufgeschlossen herzlich, als kehre sie von einer langen Reise zurück. Dann ging es an das Erzählen, und beim Abendbrot mußte Frau Markloff einige Male mahnen, über dem Berichten nicht das Essen und Trinken zu vergessen.

Zum Schluß äußerte der Hausherr freundlich:

„Ich freue mich, daß du nicht enttäuscht bist, Gitta, sondern daß du wirklich das große Erlebnis fandest, auf das du gehofft hattest!"

„Ach, Vati, die Reise hat mir weit mehr als das geschenkt!"

„Das wäre, Gitta?"

„Die Klarheit über die Berufswahl, Vati!"

„Erläutere mir das doch, bitte, Kind!"

„Ich habe mich entschieden, Vati. Ich möchte Luftstewardeß werden!"

„Luftstewardeß . . .?!"

„Ja, ja, Vati! Ich glaube, daß man seine Berufspflichten nicht mit Abneigung oder aus Gewohnheit erfüllen soll, sondern mit Freudigkeit. Dann leistet man das meiste. Ich würde mich als Luftstewardeß sehr wohlfühlen!"

Alma fiel trocken ein:

„Man sieht, das Fliegen reizt den Ehrgeiz. Luftfee . . . huch nein!"

Gitta wehrte nachdrücklich ab:

„Ach, du weißt doch, daß ich den Wunsch, Luftstewardeß zu werden, seit langem hege. Dieser Flug hat lediglich dazu beigetragen, daß ich nun nicht mehr prüfe und erwäge, sondern den Entschluß gefaßt habe."

Bodo warf ein:

„Das ist allerdings ein Fortschritt gegenüber dem früheren Zustand!"

Nachdenklich fragte der Vater:

„Du möchtest also nicht studieren?"

Gitta schüttelte den Kopf.

„Ich möchte meine englischen und französischen Sprachkenntnisse vervollkommnen, aber dazu brauche ich nicht die Universität zu besuchen. Würde ich studieren, so müßte ich dir noch mehrere Jahre auf der Tasche liegen, Vati. Dabei ist zu bedenken, daß ich nach Ablegung aller Examina noch lange nicht im Brot wäre. Die großen Ausgaben, die dir ein akademisches Studium verursachen würden, kann ich dir nicht zumuten. Ich weiß, was das Leben kostet. Und du hast doch schon Bodo durchzuhalten, bis er auf eigenen Füßen stehen kann. Ich hoffe, daß ich dir nach der Verwirklichung meines Planes eine Stütze sein kann, Vati!"

„Ich freue mich immer wieder, Gitta, daß du einsichtig und vernünftig bist."

Alma rief, und in ihrer Stimme klang Enttäuschung mit:

„Ach, und ich hatte gedacht, du kämst nun als Stenotypistin und Buchhalterin zu uns ins Büro, Gitta! Dann hätten wir doch eine fremde Kraft einsparen können. Das Geschäft geht in der letzten Zeit nicht sonderlich gut."

Der Vater beschwichtigte, ein wenig unangenehm berührt:

„Nun, darüber können wir ja noch reden. Schwankungen gibt es immer wieder einmal im Geschäftsleben. Zunächst wird es, denke ich, darauf ankommen, daß Gitta feststellt, ob sie überhaupt Aussichten hat, eine Stellung als Luftstewardeß zu erhalten. Ist die Sache aussichtslos, dann hat es allerdings keinen Zweck, daß sie Zeit, Mühe und Geld aufwendet."

Gitta antwortete lebhaft:

„So schnell wie möglich werde ich mir Gewißheit verschaffen, Vati!"

Alma fragte zweiflerisch:

„Wie willst du diese denn überhaupt gewinnen?"

„Sehr einfach! Ich werde mich an die Deutsche Lufthansa wenden und um genaue Unterrichtung bitten. Hier ist ja eine Niederlassung."

Bodo stimmte zu:

„Gut, gut! Man muß immer an die richtige Quelle gehen! Ich verstehe deine Wünsche und Hoffnungen gut, Gitta, denn ich möchte ja selbst ins Flugfach und Pilot und Ingenieur werden. Ich halte also alle Daumen!"

Alma brummelte ungläubig:

„Was das schon nützen kann!"

Gitta erwiderte Bodos Blick unter Lächeln.

„Ich danke dir!"

Am folgenden Morgen zog Gitta ein reizendes blaues Kleid mit einem hübschen Kragen an und setzte wieder ihr fesches Hütchen auf. Als sie sich verabschiedete, fragte sie:

„Kann ich mich so sehen lassen, Muttchen?"

Frau Markloff musterte sie prüfend und nickte beifällig.

„Ich denke schon. Wohin soll denn die Reise gehen?"

„Kannst du dir das nicht denken, Muttchen? Zuerst wollte ich an die Deutsche Lufthansa schreiben und um die Bekanntgabe der Anstellungsbedingungen bitten, aber dann müßte ich vielleicht ein Weilchen auf die Antwort warten. Wenn ich aber zu der hiesigen Vertretung gehe, dann erhalte ich vielleicht schon heute einen Bescheid."

„Hast du Mut!"

Gitta lachte.

„Den brauche ich doch auch, Muttchen!"

„Dann mache dich auf den Weg! Und komm gut zurecht, Kind!"

„Danke, Muttchen! Denke an mich!" Gitta küßte die Pflegemutter und huschte hinaus.

Sie wanderte nach dem Stadtinnern und überlegte dabei weiter, was sie tun müsse und was sie zu sagen hätte, wenn sie empfangen wurde.

Als sie vor dem Gebäude stand, in dem sich die Büroräume der Deutschen Lufthansa befanden, zögerte sie, einzutreten. Sie ging vorbei und schalt sich dann selbst der Schüchternheit. Langsam kehrte sie um, und ein wenig zaghaft suchte sie die Auskunftsstelle.

Eindringlich redete sie sich selbst zu:

„Nur jetzt nicht schüchtern sein, sonst wirst du nie zum Ziel kommen. Es gilt!"

Sie erkundigte sich bei einer Dame, wohin sie sich wenden müsse, sie wolle sich als Luftbegleiterin bewerben.

Die Angestellte musterte Gitta kritisch durch funkelnde Brillengläser. Sie schien mit der Prüfung zufrieden zu sein.

„Sie haben Glück. Fräulein Hausmann, die Chefstewardeß, ist hier anwesend. Wie heißen Sie denn?"

„Brigitte Renson!"

„Bitte, nehmen Sie Platz, und warten Sie ein wenig!"

Gitta bedankte sich und setzte sich in einen der in dem Vorraum stehenden modernen Sessel.

Lange brauchte sie nicht zu warten. Dann winkte ihr die Angestellte zu und nannte ihr die Nummer des Zimmers, das sie aufsuchen sollte.

Gitta begab sich dorthin, klopfte, trat nach der Aufforderung ein und wurde von einer mittelgroßen Dame gebeten, in einem Sessel, der neben dem Schreibtisch stand, Platz zu nehmen. Gitta nannte ihren Namen und die Dame den ihrigen.

Die hübsche Blondine mit der ebenmäßigen Gestalt in dem kleidsamen blauen Gabardinekostüm und der gelben Bluse mochte Ende der Zwanzigerjahre stehen. Ihr Gesicht verriet liebenswürdige Aufgeschlossenheit, Tatkraft und Klugheit.

„Was führt Sie zu mir, Fräulein Renson?"

Gitta brachte ihr Anliegen vor. Dabei ließ die Chefstewardeß die Blicke auf dem jungen Mädchen ruhen. Dessen klare Gesichtszüge und unbefangenes und frisches Wesen gefielen ihr.

„Wie alt sind Sie denn, Fräulein Renson?"

„Ich bin neunzehn und ein halbes Jahr alt, Fräulein Hausmann."

„Ein schönes Alter, Fräulein Renson, oder vielmehr eine erfreuliche Jugend!"

Gitta atmete insgeheim tief auf und faßte Mut.

„Hat meine Bewerbung wohl Aussichten?"

„Vielleicht, Fräulein Renson. Es handelt sich darum, ob zur gegebenen Zeit Stellen frei sein werden und ob Sie alle Bedingungen erfüllen können."

Gitta gab sich innerlich einen weiteren Ruck.

„Eben wegen dieser Bedingungen kam ich, Fräulein Hausmann. Gern würde ich sie kennenlernen. Gibt es vielleicht ein Merkblatt, oder könnten Sie mich in anderer Weise unterrichten?"

„Es gibt allerdings eine schriftliche Zusammenfassung der Bedingungen. Einen Augenblick, bitte!"

Fräulein Hausmann schlug eine Mappe auf und entnahm ihr ein Blatt, auf das mancherlei gedruckt war. Sie gab es

Gitta, und diese erkannte, daß es sich um eine Übersicht über die Anstellungsbedingungen für Luftbegleiterinnen handelte.

„Vielleicht können wir die wichtigsten Punkte gerade kurz durchsprechen?"

„O bitte, Fräulein Hausmann, sie interessieren mich ja sehr!"

„Die Bewerberinnen müssen ledig oder kinderlos verwitwet sein."

„Ich bin ledig."

„Schön, dann wäre die erste Bedingung ja schon erfüllt, das heißt sofern Sie nicht noch in der nächsten Zeit heiraten sollten."

„Bis jetzt sind in weiter Ferne keine Aussichten dazu erkennbar, Fräulein Hausmann!"

„Die Bewerberinnen sollen nicht jünger als einundzwanzig Jahre und nicht älter als achtundzwanzig Jahre sein. Sie hätten ja sowieso noch eine gewisse Ausbildung durchzumachen und müßten dann vielleicht noch etwas warten, bis Sie eingestellt werden.

Und wie ist es mit der Größe? Die jungen Damen sollen nicht kleiner als 1,58 Meter und nicht größer als 1,70 Meter sein. Wie groß sind Sie denn?"

„Ich bin 1,68 groß, Fräulein Hausmann."

„Sie müssen also mit dem Wachsen Schluß machen, mein Fräulein!"

„Oh, ich denke doch, daß ich über dies Maß nicht mehr hinauskommen werde."

„Es soll Leute geben, die älter als neunzehn Jahre sind und doch noch wachsen.

Wie schwer sind Sie denn? Das Gewicht soll zur Größe passen, fünfundsechzig Kilogramm aber nicht überschreiten."

„Oh, ich habe achtundfünfzig Kilogramm. Ein gewisser Spielraum verbliebe mir also noch."

„Also Maß im Essen halten, vor allem Süßigkeiten mit Überlegung genießen, viel Obst essen und Sport treiben. Das erhält die Linie."

„Ich danke Ihnen für den guten Rat und werde ihn sorgsam befolgen."

„Sie werden sicherlich gut daran tun!

Nun etwas anderes: Sie müssen das Abitur haben. Ohne dies geht es bei den hohen Anforderungen, die an die Allgemeinbildung der Luftbegleiterinnen gestellt werden müssen, nicht. Wie steht es denn damit, Fräulein Renson?"

Viel hatte Gitta lernen und arbeiten müssen, und sie hatte, wie ihre Freundinnen, manchmal geseufzt. Nun aber freute sie sich sehr, daß sich ihr Fleiß und ihre Ausdauer als nützlich erwiesen.

„Ich habe das Lyzeum absolviert und vor kurzem die Abiturientenprüfung bestanden, Fräulein Hausmann."

„Das ist sehr erfreulich, daß Sie auch diese wichtige Bedingung erfüllen können.

Übrigens: Sie sind doch Deutsche? Ich frage, weil Sie ja, wenn Sie ins Ausland flögen, einen Reisepaß haben müßten."

„Gewiß, ich habe die deutsche Staatsangehörigkeit."

„Nun, dann wäre auch dieser Punkt geklärt.

Haben Sie sich schon mit Kinder- und Krankenpflege befaßt und sich in der Ersten Hilfe bei Unfällen ausbilden lassen?"

Diesmal mußte Gitta verneinen. Gleich fuhr sie aber unbefangen fort:

„Bisher ließen mir die Schulpflichten keine Zeit für eine solche Ausbildung. Diese Kenntnisse kann man aber immer brauchen, und ich könnte sie mir in der nächsten Zeit aneignen."

„Damit würden Sie gewiß richtig handeln.

Selbstverständlich müßten Sie sich auch einer ärztlichen Untersuchung unterziehen, ob Sie sich körperlich für das Fliegen eignen. Es könnte ja sein, daß Sie Neigung zur Luftkrankheit hätten oder beim Fliegen andere Beschwerden bekämen, die Sie gesundheitlich schädigen und an der Berufsausübung hindern würden. Sie müßten selbstverständlich immer im Vollbesitz aller Kräfte sein, denn Sie sollen ja andere, die es vielleicht nicht sind, betreuen.

Sind Sie schon einmal geflogen?"

Gitta freute sich, diese Frage bejahen zu können. Sie erzählte von ihrer Luftreise und berichtete dabei auch über ihre Empfindungen.

Fräulein Hausmann hörte aufmerksam zu und entnahm

endlich einer anderen Mappe ein weiteres Blatt und gab es Gitta.

„Sie sehen, daß dies ein Fragebogen ist, den Sie ausfüllen und Ihrer Bewerbung beilegen müßten.

Nun werden Sie sicherlich eine deutliche Vorstellung von dem haben, was man von einer Luftbegleiterin erwartet und fordert. Machen Sie sich also damit vertraut, und eignen Sie sich an, was Ihnen noch fehlt! Vielleicht wird dann Ihr Wunsch in Erfüllung gehen, wenn Sie ihn weiterhin hegen sollten."

„Oh, ich kann mir gar nicht vorstellen, daß sich meine Einstellung ändern wird, Fräulein Hausmann!"

„Nun, es soll schon öfter vorgekommen sein, daß sich in der Wartezeit er, der Herrlichste von allen, eingestellt hat und daher weitgespannte Pläne aufgegeben wurden."

Gitta erwiderte das Lächeln und zuckte mit den Schultern.

Fräulein Hausmann reichte ihr die Hand zur Verabschiedung, und Gitta erhob sich und ergriff sie.

Sie bedankte sich für die erschöpfende Auskunft und die liebenswürdige Beratung und verließ das Zimmer und das Haus in gehobener Stimmung. Sie war so sehr von dem Gehörten erfüllt, daß sie den Heimweg wie im Traum zurücklegte und recht erstaunt war, als sie sich vor dem Hause Markloff in der Kinkelstraße sah.

Als Gitta in die Wohnung kam, sah sie, daß das Mittagessen bereits aufgetragen war. Frau Markloff bat zu Tisch.

Schnell machte sich Gitta fertig. Man setzte sich, und die Hausfrau bat, erst einmal zu essen und das Plaudern auf später zu verschieben, aber nach der Suppe konnte Alma ihre Neugier nicht mehr zügeln, und sie fragte halblaut:

„Nun, Gitta, hast du Aussichten? ... Oder ist es aus, bevor es anfing?"

Gitta dämpfte ebenfalls die Stimme:

„Die äußeren Bedingungen könnte ich bis jetzt wohl erfüllen, ich muß aber noch viel lernen. Besonders muß ich im Englischen und Französischen völlig sicher werden."

Die anderen hatten die Unterhaltung natürlich mitangehört, und Bodo bemerkte:

„Das haben andere ja auch gelernt. Du hast ein gutes Köpfchen und wirst es gewiß schaffen!"

„Danke für die gute Meinung, Bodo!"

Alma fragte sachlich:

„Lohnt sich denn überhaupt die ganze Mühe? Nehmen wir an, du würdest eingestellt. Was würdest du dann verdienen?"

„Eine Luftbegleiterin erhält ein Gehalt wie eine sehr gute Sekretärin. Mit zunehmenden Dienstjahren steigt es. Die Dienstzeit beträgt monatlich achtzig bis hundert Stunden."

Alma staunte.

„Das kann sich hören lassen!"

Belustigt bemerkte Bodo:

„Allerdings, zumal wenn man bedenkt, daß man als Stewardeß zahlreiche Luftreisen umsonst machen und fremde Städte und Länder kennenlernen darf."

Klaus Markloff nickte bedächtig.

„Du könntest also gut leben und dir mancherlei sparen, Gitta!"

Dieser Ansicht war auch die Hausfrau, sie sagte aber:

„Wir wollen das gute Essen nicht kalt werden lassen!" Sie war jedoch ebenfalls recht gespannt und sah es daher gern, daß die beiden Mädel nach dem Essen das Geschirr flink abtrugen. Dann bat sie:

„Nun erzähle einmal der Reihe nach, Kind!"

Gitta berichtete und reichte das Merkblatt und den Fragebogen herum.

Bodo las die Zusammenfassung der Bedingungen und blickte Gitta gespielt kritisch an.

„Hm, hm, was da alles verlangt wird! ... Gutes Äußeres, guter Leumund, einwandfreies polizeiliches Führungszeugnis, geordnete Verhältnisse, gute Figur, angenehme Persönlichkeit, ausgeglichenes Wesen, Urteilskraft, Unterhaltungsgabe und die Fähigkeit, mit anderen harmonisch zusammenzuarbeiten. Hohe Dienstauffassung ist Selbstverständlichkeit!

Steh doch einmal auf, damit man sehen kann, wie das mit dem guten Äußeren ist!"

Gitta ging auf den Scherz ein, erhob sich und ging, sich in den Hüften wiegend, durch die Stube.

Alle lachten.

Bodo mahnte in gespieltem Ernst:

„Sieh nur zu, daß du dir keine Zähne ausfällst oder nicht einmal mit dem Fahrrad stürzt und dir eine entstellende Gesichtsnarbe zuziehst. Brich dir auch kein Bein, damit du nicht hinken mußt, und verdirb dir die Augen nicht, damit du keine Brille tragen mußt!"

Schwungvoll antwortete Gitta:

„Ich werde mir alle Mühe geben, mein Herr!"

Alma lachte von neuem laut auf.

„Verlieben darfst du dich also nicht, Gitta! Sonst ist der Traum aus, bevor er begonnen hat!"

Gitta stimmte in das Lachen ein.

Bodo tröstete:

„Machst es mit dem Heiraten wie ich, Gitta: wartest bis später!

Wir müssen eine Personenwaage anschaffen, wie man sie manchmal in Läden sieht, damit Gitta ständig ihr Gewicht überwachen kann. Ich bin gern bereit, ihr künftighin beim Vertilgen guter Speisen zu helfen, damit sie nicht zu schwer wird."

Alma bestätigte:

„Das ist kein übler Gedanke. Von dieser Waage hätten dann auch wir etwas."

Belustigt mahnte Frau Markloff:

„Verliert mir nur nicht die Unbefangenheit! Ich möchte es nicht erleben, daß vor jedem Bissen überlegt und besprochen wird, ob der Genuß etwa die gute Linie beeinträchtigen oder verderben könnte!"

In gespieltem Ernst fügte der Vater hinzu:

„Ja, wohin kämen wir da?"

Bodo las und fuhr fort:

„Da ist auch von ausgeglichenem Temperament die Rede. „Bist du überzeugt, daß du ein solches hättest, Gitta?"

„Natürlich!"

„Auch ich glaube mich erinnern zu können, daß unsere liebe Gitta aus dem Häuschen geraten kann, wenn ihr danach zumute ist."

Gitta errötete und verteidigte sich:

„Das kam aber immer nur dann vor, wenn ich im Recht war!"

Der Vater nickte scheinbar ernsthaft.

„Ich bin überzeugt, Gitta, daß du dich stets korrekt benehmen wirst. Es könnte jedoch vorkommen, daß der eine oder andere Fluggast allzu selbstbewußt auftritt oder sogar rücksichtslos und grob wird. Wie gedenkst du dich dann zu verhalten? Wirst du ihm sagen oder ihm zu verstehen geben, wie du über ihn denkst?"

Gitta stutzte und sah den Pflegevater nachdenklich an.

Markloff fuhr fort:

„Wenn ich, wie ich denke, diese Forderung richtig verstehe, dann kann es nicht Aufgabe der Luftbegleiterinnen sein, Auseinandersetzungen zu führen, oder auf die Fluggäste, die weniger gute Manieren zeigen, in erziehendem Sinn einzuwirken."

Gitta nickte.

„Da hast du recht, Vati! Es kann nicht darauf ankommen, den eigenen Standpunkt zu vertreten oder sich seiner Haut zu wehren, sondern ich werde mich von vornherein so gewandt und sicher verhalten müssen, daß keine kritischen Lagen aufkommen. Entwickelt sich wirklich einmal eine solche, dann muß es die Luftbegleiterin verstehen, mit diplomatischem Geschick und mit menschlicher Überlegenheit abzulenken, so daß auch ein Querulant keinen Grund zum Anstoßnehmen findet."

Bodo bestätigte:

„Man sieht, welch hohe Anforderungen gestellt werden. Die Luftstewardeß muß Persönlichkeit sein."

Alma fügte trocken hinzu:

„Eine Luftfee nicht nur in der Fürsorglichkeit bei der Betreuung, sondern auch bei der Erhaltung guter Laune und der Wahrung eines vorzüglichen Umgangsstils."

Bodo sah Gitta an.

„Na, Schwesterchen, traust du dir diese Größe zu?"

„Ach, man hat es doch schließlich mit gebildeten Menschen zu tun."

Alma wandte ein:

„Vielleicht nicht immer, Gitta! Du wirst dich also auch ‚im Schlucken' üben müssen! Schreibe dir ein Schildchen: Tief atmen, nicht ärgern! Das lies zehnmal mit Aufmerksamkeit, wenn du merkst, daß dein Blut in Wallung kommt!"

Alle lachten, und Gitta stimmte ein.

Der Vater ergriff wieder das Wort:

„Du weißt, was du willst, Gitta, und es ist dir bekannt, welche Bedingungen du erfüllen mußt, wenn du zum Ziel kommen willst. Es handelt sich also für dich jetzt darum, die Brücke zu bauen."

„Ja, so ist es, Vati! Ich werde die Ausstellung eines Passes beantragen. Und dann darf ich doch, gelt, Vati, Kurse als Kinder- und Krankenpflegerin mitmachen und die Dolmetscherschule besuchen?"

„Selbstverständlich, Gitta! Es würde mich freuen, wenn es dir gelänge, dir eine gute Stellung zu erarbeiten!"

Bodo rief:

„Viel Glück, Luftfee!"

Alma seufzte und zog voll Unbehagen die Schultern hoch.

„Wie kann man sich nur freiwillig eine solche Riesenarbeit aufladen! Das fiele mir ein, mich nach so vielen Schuljahren noch weiterzuquälen, um fremden Leuten das Leben recht bequem machen zu können. Wenn du zu uns ins Büro kämst, würdest du doch auch ganz gut verdienen und brauchtest dich nicht so zu plagen!"

„Ich wäre dann aber keine Luftstewardeß und könnte nicht fliegen. Wenn ich mein Ziel erreichen will, dann muß ich das Notwendige dazu tun!"

„Ach, wie schrecklich ehrgeizig und tüchtig du bist!"

„Ohne Fleiß kein Preis! ... Ich stelle es mir herrlich vor, Luftfee zu sein, wie du so nett sagst!"

Wichtige Vorbereitungen

Zielbewußt, wie es ihre Art war, ging Gitta ans Werk.

„Wo lerne ich Säuglingspflege, Muttchen"? fragte sie dann Frau Markloff.

„Das ist etwas, was du immer brauchen kannst, auch wenn es nichts mit der Anstellung werden sollte. Es gibt hier mehrere Kinderheime. Rufe bei diesen an, und erkundige dich, ob und wann Kurse für Säuglingspflege abgehalten werden!"

„Das ist gewiß der richtige Weg!" stimmte Gitta zu. Gleich schrieb sie sich die Anschriften und Rufnummern aus dem Telefonbuch. Dann rief sie bei den Verwaltungen an und erkundigte sich, ob Kurse abgehalten würden.

Bei zwei Heimen erhielt sie verneinende Antworten, beim dritten wurde ihr aber mitgeteilt, daß die Kinderärztin Fräulein Dr. Merten in Kürze einen weiteren Abendkurs leiten werde.

Gitta bat um die näheren Angaben und meldete sich an.

Als die Familie abends wieder einmal gemütlich beisammensaß, berichtete Gitta über ihre Bemühungen und fragte:

„Na, Alma, hast du keine Lust, den Kursus mitzumachen?"

Alma spreizte voll Unbehagen die Finger.

„Ach, wenn ich den Tag über gearbeitet habe, mag ich mich nicht auch noch am Abend anstrengen."

Frau Markloff wiegte mißbilligend den Kopf.

„Aber Alma, was ist dabei schon für eine Anstrengung? Ich würde es recht vernünftig finden und begrüßen, wenn auch du an diesem Lehrgang teilnähmst!"

„Ach, wenn ich einmal mit Babys zu tun haben werde, dann werde ich gewiß auch mit ihnen zurechtkommen. Für Gitta ist das etwas ganz anderes, sie braucht die Bescheinigung."

Frau Markloff seufzte ein wenig. Bei sich wünschte sie, daß ihre Tochter etwas von Gittas Unternehmungsgeist und Tatkraft haben möge.

An dem Kursus nahmen hauptsächlich junge Frauen teil. Auch Mädchen ließen sich unterrichten, die Kinderpflegerinnen werden wollten. Alle kamen, weil sie den Wunsch hatten, etwas zu lernen. Die Ärztin hatte daher aufmerksame und dankbare Schülerinnen.

Am meisten machten den Kursusteilnehmerinnen die praktischen Übungen Spaß. Dann zeigte die Ärztin an einer Puppe, wie die Kleinen trockenzulegen, aufzunehmen, zu füttern, zu wickeln und hinzulegen waren und wie man sie beruhigen konnte. Jede Teilnehmerin mußte so lange üben, bis sie das Vorgeführte konnte.

Gitta las auch voll Anteilnahme in Büchern, die sich mit der Wartung und Pflege von Säuglingen und Kleinkindern befaßten, und als sich der Kursus dem Ende zuneigte und die Teilnehmerinnen in einer Schlußprüfung zeigen sollten, ob sie alles richtig verstanden hatten und selbst anwenden konnten, wußte sie alle Fragen, die an sie gerichtet wurden, sicher zu beantworten.

Stolz kehrte sie mit der Bescheinigung über die Teilnahme an dem Kursus heim und zeigte sie den Angehörigen.

Alma gähnte nach dem Durchlesen.

„Ganz nett, Gitta!"

Bodo meinte heiter:

„Wieder einen Schritt weiter, Gitta!"

Vater Markloff zwinkerte der Pflegetochter zu, wie er es gern tat, wenn er mit ihr besonders zufrieden war, und die Hausfrau lächelte in Gittas Augen und drückte das Mädchen herzlich an sich, ohne weiter darauf zu achten, daß in Almas Augen das ihr bekannte Glimmen der Eifersucht kam.

Wegen der Ausbildung als Krankenpflegerin und in der Ersten Hilfe bei Unfällen wandte sich Gitta an den Ortsverein vom Roten Kreuz und konnte alsbald an Kursen teilnehmen, die von diesem veranstaltet wurden.

Auch ihnen folgte sie voll Anteilnahme und lernte manches, was ihr für das ganze Leben wichtig erschien.

Als sie auch die Bescheinigungen über die Teilnahme an diesen Kursen besaß, beantragte sie einen Paß bei der Polizeibehörde und erhielt diesen nach der üblichen Bearbeitungszeit ausgehändigt.

Jetzt vervollständigte sie die Entwürfe für die Ausfüllung des Fragebogens.

„Nun gilt es, die ganze Kraft auf das Erlernen der Sprachen zu richten!" sagte sie sich dann selbst.

Sie meldete sich bei einer Dolmetscherschule an und wurde einem Kursus für Fortgeschrittene zugeteilt. Mit allem Ernst vertiefte sie sich in die Arbeit, und da sie eine ausgezeichnete Auffassungsgabe hatte, machte sie schnell gute Fortschritte.

An dem Kursus nahm ein ungefähr gleichaltriges hübsches junges Mädchen teil, das Gitta durch seine Klugheit und Gewandtheit und durch sein Zielbewußtsein auffiel. Es hieß Ursula Theiß und war die Tochter eines Arztehepaars.

Die beiden Mädchen waren einander sympathisch und wurden bald näher miteinander bekannt. Sie stellten fest, daß sie die gleichen Zukunftspläne hatten. Ursula wußte über die Voraussetzungen, die eine Luftbegleiterin erfüllen muß, noch nicht genau Bescheid. Gitta konnte sie ausführlich unterrichten.

Von nun an waren Gitta und Ursula viel beisammen. Sie lasen einander aus englischen und französischen Zeitungen, aus Zeitschriften und Büchern vor und unterhielten sich auf englisch und französisch. Auf diese Weise machten die beiden Mädchen schnell gute Fortschritte, und wenn sie im Hause Markloff oder auch bei der Familie Theiß munter in den fremden Sprachen darauflosplauderten, nickten die Angehörigen oft voll Staunen und Anerkennung.

Schließlich fühlte sich Gitta so sicher, daß sie sich entschloß, ihre Bewerbung einzureichen. Ursula beschaffte sich ebenfalls einen Fragebogen und schrieb ihre Bewerbung.

Als Gitta völlig mit ihren Entwürfen zufrieden war und diese auch von ihrem Pflegevater hatte nachsehen lassen, fertigte sie die Reinschriften an. Sorgfältig prüfte sie diese und sagte zu sich selbst:

„Achtung, Gitta, jetzt kommt ein großer Augenblick!"

Sie schrieb ihren Namen einige Male auf Entwurfspapier und war mit dem Zug ihrer Hand und mit dem Funktionieren des Füllers zufrieden. Flott unterzeichnete sie dann den Fragebogen und die Bewerbung und legte die gewünschten Lichtbilder bei.

Dann schrieb sie den Briefumschlag, machte die Sendung postfertig und wollte sie persönlich in einen Postkasten werfen. Auf dem Weg dachte sie aber: gut ist gut, und besser ist besser! Sie wanderte zum nächsten Postamt und gab den Brief als Einschreibesendung auf.

Ursula gab ihre Bewerbung ebenfalls in diesen Tagen zur Post, und nun warteten die beiden Mädchen voller Spannung auf den Bescheid.

Wenn Gitta nach Hause zurückkehrte, ließ sie immer gleich die Blicke über das Tischchen im Flur gleiten, denn sie hatte mit der Pflegemutter verabredet, daß dorthin die für sie eingetroffene Post gelegt werden solle.

Mancher Tag verging, ohne daß der ersehnte Brief mit dem auf dem Umschlag aufgedruckten stilisierten goldenen Kranich eintraf. Einmal, als Gitta fragte, ob Frau Markloff nicht vielleicht vergessen habe, den Brief auf den dafür bestimmten Platz zu legen, tröstete die Hausfrau:

„Du mußt Verständnis dafür haben, daß die Bearbeitung eine gewisse Zeit beansprucht, Gitta, denn wir wissen ja, daß ganze Körbe voll Bewerbungen bei der Gesellschaft eintreffen."

Eines Tages lag dann doch der voll brennender Spannung erwartete Brief auf dem Tischchen im Flur. Voll starker innerer Erregung öffnete ihn Gitta. Was enthielt er wohl? Etwas Förderndes... oder eine mehr oder weniger liebenswürdige Absage?

Sie entfaltete das Blatt und ließ die Blicke über die Schreibmaschinenschrift gleiten. Dann verkündete zunächst ein Jubelschrei der ebenfalls voll Spannung wartenden Pflegemutter, daß der Bescheid günstig war.

Gittas Augen leuchteten, und ihre Wangen röteten sich vor Freude.

„Muttchen, Muttchen, ich bin zur persönlichen Vorstellung bestellt worden! Da, lies!"

Aber zunächst kam die Pflegemutter nicht zum Lesen, denn Gitta war so freudig bewegt, daß sie diese umarmen und küssen mußte.

Endlich konnte Frau Markloff die Blicke über den Brief gleiten lassen.

„Siehst du, es war so, wie ich dir gesagt hatte: von Zeit zu Zeit werden die Bewerberinnen ausgewählt!"

Gitta ging an den Telefonapparat, wählte die Nummer der Familie Theiß, fragte nach Ursula und konnte dann gleich darauf deren Jubelschrei entnehmen, daß auch sie die Aufforderung zur Vorstellung erhalten hatte.

Das Datum war das gleiche. Also würden die Freundinnen den entscheidungsvollen Tag gemeinsam erleben können.

Gitta fragte:

„Hast du Mut, Ursula?"

„Weißt du, ich habe schon immer ein wenig Angst vor Prüfungen gehabt. Ich werde froh sein, wenn wir das hinter uns haben!"

„Ach, du bist doch in allem sicher! Du wirst es gewiß schaffen!"

„Hoffentlich, hoffentlich! Ich wäre dafür, daß wir bis dahin noch viel Umgangssprache üben. Das wird wohl das Wichtigste sein."

„Das ist auch meine Ansicht. Wir wollen den freien Mittag für heute ausfallen lassen und büffeln. Kommst du zu mir?"

„Gern! Hinterher werden wir ja wohl besser Zeit zum Ausruhen finden!"

Als Gitta bei Tisch die große Neuigkeit verkündete, sagte Bodo:

„Jetzt geht es um das schöne Gabardinekostüm, um die schicke Mütze, die gelbe Bluse und den stilisierten goldenen Kranich!"

Gitta widersprach:

„Das sind nur Äußerlichkeiten, Bodo!"

Alma bemerkte trocken:

„Die Hauptsache ist das Fliegen als Luftfee! Hach, schon wieder eine Prüfung, und was für eine! Ich bin froh, daß ich nicht in deiner Haut stecke!"

Bodo foppte:

„Aber später würdest du gewiß gern mit Gitta tauschen, nicht wahr?"

Alma warf dem Bruder einen unwilligen Blick zu.

„Ihr Streber!"

Bodo lachte laut auf, und Gitta stimmte heiter ein.

Wie sie es verabredet hatten, lernten Gitta und Ursula an diesem Nachmittag und in der nächsten Zeit mit doppeltem Fleiß. Sie verzichteten auf Kinobesuche und sportliche Betätigung und trieben nur ihre Entspannungsgymnastik. Wenn sie spazierengingen, unterhielten sie sich in den Fremdsprachen.

Eigentlich fühlten sie sich dank der intensiven Vorbereitung sicher, aber sie fürchteten unglückliche Zufälle. Ursula malte manchmal schwierige Lagen aus. Gitta ließ sich aber nicht von den Zweifeln der Freundin anstecken, sondern blieb guten Mutes.

Am Tage vor der Vorstellung sagte sie:

„So, Ursula, jetzt machen wir Schluß mit der Paukerei. Was wir bisher nicht gelernt haben, schaffen wir auch bis morgen nicht mehr."

„Ach, wir könnten doch noch dieses und jenes wiederholen?!"

„Und wann willst du dich hübschmachen lassen? Du kennst die Bedingungen! Gutes Aussehen ist eine der wichtigsten. Wie willst du aber nett und adrett wirken, wenn du keinen guten Haarschnitt hast und nicht fein frisiert bist?"

„Du hast recht, Gitta. Luftbegleiterinnen sind ja keine Stubenhockerinnen!"

Frau Markloff, die gerade aus der Küche kam, um Gittas Freundin einige ermunternde Worte mit auf den Weg zu geben, hatte die Unterhaltung mitangehört und bekräftigte:

„Sehr richtig, Kinder! Laßt euch schönmachen, und schaut nach, ob eure kleidsamsten Sachen in Ordnung sind!"

Ursula verabschiedete sich. Dabei äußerte Frau Markloff zuversichtlich:

„Alles Gute für morgen, Ursula!"

Alsbald nach dem Mittagessen begab sich Gitta zu ihrem Friseur, ließ ihr Haar schneiden, waschen und Wellen legen. Auf dem Heimweg sprach sie beim Schneider vor und fragte, ob er ihr Kostüm gebügelt habe. Er antwortete, der Lehrling sei unterwegs, um es nach Gittas Wohnung zu bringen.

Als Gitta zu Hause anlangte, fand sie das Kostüm vor.

„Soll ich nicht lieber ein Kleid anziehen, Muttchen?" fragte sie.

„Das täte ich nicht, Kind! Die Luftbegleiterinnen tragen als Berufskleidung Kostüme. Also wird es gewiß zweckmäßig sein, auch zu der Vorstellung ein solches anzuziehen."

„Das leuchtet mir ein, Muttchen. Es war gut, daß wir es aufbügeln ließen. Dazu werde ich die hübsche Bluse von dir anziehen und Pumps tragen."

„Dann wirst du reizend aussehen. Zieh dich doch gerade einmal so an, wie du weggehen willst!"

„Gern!“ antwortete Gitta und huschte in ihr Zimmer.

Als sie das Unterkleid angezogen hatte, wurde die Tür leise für einen Spalt aufgeschoben. Eine Hand erschien, die Gitta als die der Pflegemutter erkannte. Etwas wurde hochgehalten, das in Cellophanpapier gehüllt war.

Nun trat Frau Markloff ein und warf Gitta das Päckchen zu. Diese fing es auf und sah, was es enthielt: ein Paar hauchdünne Strümpfe. Begeistert rief sie:

„Danke, Muttchen!“ Sie öffnete die Verpackung und bewunderte das herrliche feine Gewebe mit der dunklen Naht.

Gitta umarmte die Spenderin stürmisch und bedankte sich nochmals herzlich.

Heiter fragte Frau Markloff:

„Sind sie in Ordnung? Ziehe sie doch einmal an!“

Gitta setzte sich und schob sorgsam den einen Strumpf über einen Fuß und rollte ihn dann am Bein hoch. Dann zog sie auch den andern über und schlüpfte in die Pumps.

„Fein!“ jubelte sie.

Gitta kleidete sich fertig an und betrachtete sich alsdann im dreiteiligen Spiegel. Keine Falte bildete sich, und sie sah auch kein Fädchen.

Frau Markloff legte die Hände auf Gittas Schultern und drehte das Mädchen sacht. Dann trat sie zurück und prüfte noch einmal genau die Frisur, die Kleidung, die Strümpfe und die Schuhe.

„Nun, Muttchen . . . ?“

„Gut so, Gitta! Kannst dich sehen lassen!“

„Ach, ich bin ja so gespannt, Muttchen!“

„Nun, morgen um diese Zeit wirst du weiter sein!“

Alma kehrte aus dem Büro zurück. Als sie die Mutter mit Gitta sprechen hörte, kam sie gleich in das Zimmer. Bewundernd betrachtete sie Gitta.

„Hm, wie fein!“

Am nächsten Tag versäumte Bodo die Vorlesung. Er wollte es sich nicht nehmen lassen, Gitta nach dem Verwaltungsgebäude der Luftfahrtgesellschaft zu fahren.

Alma mahnte, als Gitta sich verabschiedete:

„Nimm nur keinen herzbewegenden Abschied! Heute abend

sehen wir uns ja wieder. Wir werden an dich denken. Hals- und Beinbruch!"

Vater Markloff legte Gitta die Rechte auf die Schulter.

„Ruhig Blut, Gitta, und ganz natürlich und ungezwungen benehmen!"

Die Mutter schloß Gitta in die Arme und drückte sie an sich.

„Alles, alles Gute!" flüsterte sie bewegt.

Bodo mahnte zum Abfahren. Beim Hinausgehen sagte er:

„Wüßte ich, wann der Besuch beendigt sein wird, dann würde ich dich abholen, Gitta."

„Ich danke dir für die gute Absicht, Bodo! Ich werde mit dem Bus fahren."

Markloffs winkten dem Auto nach.

Bodo und Gitta holten Ursula ab. Diese war sehr aufgeregt und seufzte:

„Ach, wenn wir doch schon ein paar Stunden älter wären!"

Bodo beschwichtigte gelassen:

„Nur die Ruhe kann es machen, Ursula. Wer aufgeregt und verwirrt ist, befindet sich von vornherein im Nachteil. Also weg damit!"

„Sie haben gut reden, Bodo!"

Der Wagen strebte der Innenstadt zu. Bodo hielt unweit des Verwaltungsgebäudes der Luftfahrtgesellschaft. Er stieg aus, öffnete die Wagentür, gab Ursula noch einige nette Aufmunterungen auf den Weg und schaute dann Gitta aufgeschlossen und zuversichtlich in die Augen.

„Mach's gut, Schwesterchen! Wenn man ein Ziel so ernst und nachdrücklich verfolgt wie du, dann verdient man es, daß man es erreicht!" Er schüttelte so männlich sicher ihre Hand, daß eine große innere Ruhe auf sie überströmte.

Sie erwiderte den Händedruck, lächelte herzlich und ging auf das Gebäude zu. Dort angelangt, drehte sie sich noch einmal um und grüßte, und er winkte ihr so strahlend zuversichtlich zu, daß sie sich unwillkürlich reckte und beschwingt das Haus betrat.

Eine entscheidende Wendung

Wie Gitta es erwartet hatte, waren sie und Ursula nicht die einzigen Bewerberinnen, die zu einer Vorstellung gebeten worden waren. Im Gegenteil. Es fanden sich zahlreiche weitere Damen ein, die sich gut gekleidet und nett hergerichtet hatten.

Ursula seufzte:

„Oh, welche Konkurrenz! Ob man sich dagegen wird durchsetzen können?"

Gitta beruhigte:

„Weshalb denn nicht, Ursula? Ich bin überzeugt, daß die anderen Bewerberinnen innerlich genau so gespannt sind wie wir. Sie werden uns kaum überlegen sein."

Fräulein Hausmann, die Chefstewardeß, erschien. Sie wurde von zwei Herren in mittleren Jahren begleitet, die sie als für Personalangelegenheiten zuständig vorstellte.

Die Chefstewardeß teilte mit, daß naturgemäß nicht alle Luftbegleiterinnen in Frankfurt oder Umgebung beheimatet sein dürften, sondern daß auch junge Damen aus Hamburg, München, Stuttgart und Düsseldorf eingestellt werden müßten.

„Unsere Zusammenkunft hier hat also den Zweck, die vier geeignetsten Bewerberinnen ausfindig zu machen. Diejenigen Damen, auf deren Dienste verzichtet werden muß, bitte ich schon jetzt um Verständnis für die Lage. Sie werden sicherlich bald einen anderen schönen Posten finden."

Die Chefstewardeß und die beiden Direktoren zogen sich in das Beratungszimmer zurück, und eine Sekretärin bat die erste Bewerberin einzutreten.

Gitta und Ursula sahen wie die anderen jungen Damen der Aufgerufenen nach. Sie fanden, daß diese schlecht beraten war, als sie sich bewarb, denn sie war klein und rundlich. Sie mochte ein tüchtiger und prächtiger Mensch sein, aber die Erscheinung, die eine Luftstewardeß haben soll, besaß sie nicht.

Es dauerte daher auch nicht lange, und sie erschien wieder und verließ niedergeschlagen die Halle.

Die nächste Bewerberin machte den Eindruck, als neige sie dazu, ihre Gesprächspartner mit kecken Antworten zu verblüffen. Auch sie kehrte bald schon zurück und bemerkte im Hinausgehen schnippisch:

„Ich lasse mir doch nicht die Butter vom Brot kratzen! Wo denken die denn hin?!"

Gitta und Ursula sahen einander belustigt an. Sie konnten sich vorstellen, wie die Unterhaltung im Zimmer verlaufen sein mochte.

Wieder wurde eine Bewerberin von der Sekretärin gebeten, einzutreten. Auch sie kam bald wieder. Ihre Augen waren dunkel und ihr Mund gepreßt. Ihre Nachbarin, die sie wohl schon länger kannte, fragte sie, wie es gewesen wäre, worauf sie antwortete:

„Ohne Abitur und ausreichende Sprachkenntnisse geht es nicht. Erst müssen die Voraussetzungen erfüllt sein, ehe die Bewerbung näher geprüft werden kann."

Das Mädchen verließ die Halle.

Gitta ließ die Blicke über die noch Wartenden gleiten und dachte: ach, es gibt ja so viele ernsthafte Bewerberinnen, die alle Anforderungen erfüllen. Weshalb sollte die Gesellschaft da nicht die geeignetsten auswählen?

Weitere junge Damen traten den entscheidungsvollen Gang an und kehrten zurück. Bei manchen konnten Gitta und Ursula die Gründe der Ablehnung erraten: die eine war wohl zu jung, die andere nicht mehr jung genug, eine weitere war körperlich offensichtlich nicht ganz unbehindert und eine vierte nicht gewandt genug im Umgang. Bei der fünften waren vielleicht die Papiere nicht in Ordnung, die sechste war wohl zu vierschrötig und die siebente nicht sprachkundig genug.

Zwei Bewerberinnen kehrten nicht in die Halle zurück. Das fiel Gitta auf. Hatten sie das Haus durch einen zweiten Ausgang verlassen, oder warteten sie in einem anderen Zimmer? Waren sie in die engere Wahl gezogen worden?

Endlich wurde Gitta zum Eintreten aufgefordert. Sie erhob sich und ging auf die Sekretärin zu. Diese geleitete sie in das Beratungszimmer, in dem Gitta schwere Möbel und bequeme Ledersessel wahrnahm. Sie ballte ihre Willenskraft und ermahnte sich:

„Locker bleiben! Ganz natürlich bewegen! Erst denken und dann reden! Nicht aus der Fassung bringen lassen!“

Gitta wünschte guten Morgen und blieb unweit der Tür stehen. Die Anwesenden dankten für den Gruß. Fräulein Hausmann wies auf einen Sessel und bat, Platz zu nehmen.

Gitta fiel auf, daß dieser Sessel mehrere Meter von der Tür entfernt stand. Sie dachte: aha, man will sehen, wie ich gehe und wie ich mich bewege.

So unbefangen wie sie es zu Hause oft mit Ursula geübt hatte, ging Gitta auf den Sessel zu. Dieser stand etwas schräg zu den Anwesenden. Gleich dachte sie weiter: ein neuer Test! Man will sehen, ob ich meinen Gesprächspartnern halb den Rücken kehren werde.

Sie setzte sich so, daß die anderen ihr voll in das Gesicht schauen konnten. Es war ihr, als ob ein feines Lächeln über die Gesichter der Herren husche.

Fräulein Hausmann bemerkte:

„Sie sind Fräulein Herta Biron . . .?“

Schlicht antwortete Gitta:

„Eine kleine Verwechslung, ich heiße Brigitte Renson.“

An der Art, wie Fräulein Hausmann lächelte, glaubte Gitta erkennen zu können, daß die „Verwechslung“ Absicht war und man hatte sehen wollen, in welcher Weise sie die Berichtigung vornehmen werde.

Die Chefstewardeß äußerte:

„Ah, Verzeihung! Ich erinnere mich. Sie hatten mich vor längerer Zeit besucht.“

„Allerdings, Fräulein Hausmann. Inzwischen habe ich Kurse für Kranken- und Kinderpflege und für Erste Hilfe bei Unfällen absolviert und die Dolmetscherschule besucht.“

Einer der Direktoren verständigte sich mit der Chefstewardeß mit einem Blick und fragte:

„Sie haben also flüssig Englisch und Französisch erlernt, Fräulein Renson?“

„Jawohl, Herr Direktor!“

„Dann erzählen Sie uns doch einmal in englischer Sprache etwas über Ihr Leben!“

Gitta hatte diese Frage erwartet und sich auf ihre Beantwortung vorbereitet. Sie erzählte von ihren Eltern, von deren frühem Ableben, von ihrer Erziehung im Hause Markloff, von ihrem Schulbesuch und von der Abiturientenprüfung.

Hier unterbrach sie der andere Herr und fragte auf französisch, ob sie schon einmal geflogen sei, was sie dabei empfunden habe und weshalb sie den Beruf einer Luftbegleiterin ausüben wolle.

Mühelos wechselte Gitta ins Französische. Sie liebte diese Sprache und konnte sich darin nicht nur richtig und flüssig, sondern auch gewählt ausdrücken. Wie im Englischen brauchte sie sich auf keine Vokabel zu besinnen, und sie konnte auch alle Zwischenfragen, die von den beiden anderen Beauftragten manchmal auf englisch und dann wieder auf französisch an sie gerichtet wurden, sicher beantworten.

Der Ältere richtete endlich freundlich den Blick auf Gitta.

„Wenn ich Sie richtig verstanden habe, werden Sie also von einer besonderen Liebe zum Fliegen geleitet, Fräulein Renson?"

„Allerdings, Herr Direktor!"

Die zwei Beauftragten wechselten Blicke des Einverständnisses. Die Herren nickten Gitta zu, und Fräulein Hausmann sagte:

„Zunächst darf ich Sie bitten, sich etwas zu gedulden. Später werden wir uns dann noch einmal hier sehen."

Gitta stand auf und wollte in die Halle zurückkehren, aber die Chefstewardeß bat sie, das Zimmer durch eine andere Tür zu verlassen.

Im Hinausgehen sah Gitta, daß Fräulein Hausmann ihre Personalakte nicht auf den hohen Stoß legte, sondern zu zwei Aktenstücken, die auf der anderen Seite des Schreibtischs lagen.

Bin ich in der engeren Wahl? durchschoß es Gitta.

Sie ging in das Nebenzimmer und begrüßte die beiden anderen Bewerberinnen, die sie in der Halle vermißt hatte, mit Lächeln. Die beiden Mädchen antworteten in gleicher Weise, dann nahmen ihre Gesichter aber wieder einen Ausdruck gespannter Erwartung an.

Gitta setzte sich. Unwillkürlich schaute sie auf die Uhr und stellte voll Überraschung fest, daß sie zwanzig Minuten in dem Direktionszimmer gewesen war. Sie suchte Klarheit zu gewinnen und stellte bei sich fest, daß sie nicht schlecht abgeschnitten haben könne.

Lange blieb es still in dem mit modernen Möbeln ausgestatteten Zimmer. Die Mädchen versenkten sich in ihre Gedanken, um für den Fall einer weiteren Unterhaltung auf der Höhe zu sein. Durch die gepolsterte Tür war nicht zu hören, was im Nebenraum gesprochen wurde.

Endlich ging die Tür auf, und Ursula trat ein.

Gittas Augen leuchteten vor Freude auf.

Die Freundinnen drückten einander die Hände.

Ursula setzte sich neben Gitta, schloß die Augen und legte die Hände an die Schläfen, um ihre starke innere Erregung ausklingen zu lassen.

Gitta blickte ab und zu gespannt nach der Tür. Vier Bewerberinnen sollten nur angenommen werden. Bereits saßen hier vier Mädchen. Wenn noch weitere hereingebeten wurden, dann gab es wohl eine Stichwahl?

Wieder verrann eine Stunde, aber es wurde keine fünfte junge Dame in die engere Wahl gezogen. Viele waren noch geprüft worden, aber bei allen hatte die Kommission mangelnde Eignung feststellen müssen.

Endlich wurden die vier Ausgewählten in das Beratungszimmer gebeten. Als sie Platz genommen hatten, äußerte Fräulein Hausmann:

„Meine Damen! Ich freue mich, Ihnen mitteilen zu können, daß Sie als Anwärterinnen ausgewählt worden sind. Wir haben dabei voll Genugtuung festgestellt, mit welchem Ernst und Eifer Sie sich auf ihren künftigen Beruf vorbereitet haben.

Die erforderliche breite Basis haben Sie sich selbst geschaffen, und Sie haben auch den gewünschten persönlichen Scharm. Nun müssen Sie noch einen dreimonatigen Ausbildungskurs durchmachen, der Sie mit den Eigenarten Ihres Berufes als Luftbegleiterin vertraut machen soll. Dazu werden Sie nach München-Riem einberufen werden. Ich kann Ihnen aber schon heute den Lehrplan geben, damit Sie sich von dem, was behandelt werden wird, eine Vorstellung machen können.

Arbeiten Sie also mit der Tatkraft, die Sie bisher bewiesen haben, weiter!"

Die Älteren drückten den Mädchen zur Verabschiedung die Hände, und dann verließen diese das Haus.

Draußen äußerte Ursula, als sie den Verkehr über den großen Platz fluten und die Sonne hell scheinen sah:

„Träume ich ... oder wache ich, Gitta? Kneif mich doch einmal!"

„Gerade wollte ich dasselbe sagen! Ich gratuliere dir!"

„Und ich dir!"

„Ach, mich freut es doppelt und dreifach, daß wir beide durchkamen und hoffentlich nun auch unseren weiteren Ausbildungsweg miteinander gehen können!"

Ursula legte die Hände auf den Magen und seufzte:

„Habe ich Hunger! Aber das ist kein Wunder, denn es geht ja schon auf vierzehn Uhr!"

Gitta öffnete ihre Handtasche, entnahm ihr eine Tafel Schokolade und gab der Freundin die Hälfte.

„Da, du wirst trotzdem noch genug Hunger zum Mittagessen haben. Wann werden wir uns wiedersehen?"

„Danke schön, Gitta! Oh, wie das schmeckt! Morgen früh komme ich zu dir, aber nicht allzu zeitig. Nach der Anspannung der letzten Wochen dürfen wir morgen wohl einmal eine Stunde länger schlafen oder wenigstens liegen bleiben."

„Und ob! Schönen Gruß zu Hause! Die werden Augen machen! Auf Wiedersehen!"

Die Mädchen erreichten die Haltestelle der Straßenbahn. Gerade hielt ein Zug, den Ursula benützen konnte. Sie stieg ein. Gitta winkte ihr nach und wartete auf einen Bus, der durch die Bismarckallee fuhr.

Unweit stand ein Telefonhäuschen. Gern hätte Gitta zu Hause angerufen, aber jemand telefonierte, und zwei Damen warteten bereits. Es konnte also noch eine ganze Weile dauern, bis sie an die Reihe kam.

So stieg denn Gitta in den Bus, und bald eilte sie beschwingt von der Bismarckallee aus in die Kinkelstraße, und als sie die Tür des Hauses Nummer 18 erreicht hatte, verkündete wieder einmal stürmisches Läuten nach der bekannten Weise, daß jemand, der zur Familie gehörte, nach Hause kam und etwas Hochwichtiges zu berichten hatte.

Der Sperrer sprang zurück, Gitta schob die Tür auf, sprang in den Flur und rief, so laut sie konnte:

„Juchhu, juchhu! . . . Angenommen! . . . Juchhu . . . angenommen!"

Aus der Küche kam die Mutter gerannt, der Vater erschien vom Wohnzimmer her, und die Treppe herab kamen Alma und Bodo gesprungen, und ein stürmisches Rufen, Gratulieren und Lachen setzte ein, in dem zunächst nicht zu unterscheiden war, was die einzelnen sagten und fragten.

Als die Mutter und Alma Gitta umarmt und beglückwünscht hatten, konnte auch Klaus Markloff Gitta an sich drücken. Bodo faßte seine Gratulation in die Worte:

„Na, siehst du, Mädel! Ich habe es doch gewußt, daß du es schaffen würdest!"

Gitta machte sich frisch und zog sich um, und dann mußte sie sich im Eßzimmer setzen und das Mittagessen zu sich nehmen.

Als Gitta beim Kaffee dann ausführlich berichtete, seufzte Alma:

„Oh, ich wäre bestimmt nicht bei den vieren, sondern bei den vielen anderen gewesen. Brr, mich schaudert's, wenn ich mir vorstelle, daß ich einen solchen Kampf ausfechten müßte!"

Bodo neckte:

„Dann kannst du freilich nie Luftfee werden, Alma!"

„Will ich ja auch gar nicht! Ich fühle mich als Sekretärin bei Vater sehr wohl. Schade ist aber, daß Gitta nun nicht zu uns kommt. Es wäre so nett gewesen, wenn wir nebeneinander gearbeitet hätten."

Der Vater tröstete:

„Laß es gut sein, Alma! Es muß sowohl Luftbegleiterinnen als auch Sekretärinnen und Buchhalterinnen geben."

Bodo äußerte:

„Das ist ein Ereignis, das man eigentlich feiern sollte! Was meint ihr?"

Gitta wehrte ab:

„Es ist hocherfreulich, daß ich als Anwärterin angenommen worden bin. Mit dem Feiern sollten wir aber, glaube ich, warten, bis ich den Ausbildungskurs absolviert und die Anstellung erhalten habe. Hoffentlich wird auch das klappen!"

Freundlich bemerkte Frau Markloff:

„Aber nett Kaffee wollen wir auf alle Fälle trinken. Der Kuchen ist gut gelungen."

Es ist geschafft!

Aufmerksam studierten Gitta und Ursula den Lehrplan für den Luftbegleiterinnenkursus. Der Lehrgang sollte sie in die Grundkenntnisse des Luftverkehrs und in die Grundlagen des Flugwesens einführen und ihnen eine Unmenge Geographie vermitteln. Sie sollten weiter eine medizinische Grundausbildung erhalten und praktische Übungen in der Bedienung der Gäste, im Anschnallen, im Anrichten von Mahlzeiten und in der Betreuung der Passagiere durchführen. Es konnte nichts schaden, wenn man schon mit Vorkenntnissen zu dem Kursus erschien.

Die Mädchen saßen in Gittas Zimmer. Ursula löffelte eingemachtes Obst, das Frau Markloff in Glasschälchen gebracht hatte. Dabei bemerkte sie:

„Da ist ja mancherlei, was wir uns noch aneignen sollen!"

Auch Gitta aß mit Genuß.

„Zunächst geht es also im alten Tempo weiter."

„Von Gymnastik verstehen wir bereits mancherlei. Wir werden uns ein Lehrbuch verschaffen und danach üben. Was wir sonst gelernt haben, werden wir an Hand von Werken vertiefen, die wir uns aus der Stadtbibliothek besorgen können."

„Richtig! So machen wir das!"

Tag für Tag waren die Mädchen eifrig mit dem Lernen beschäftigt. Manchmal arbeiteten sie bei Gitta und manchmal bei Ursula. Sie waren aber lieber bei Gitta, da es im Hause

Markloff stiller war als in dem der Familie Theiß, wo sich zahlreiche Patienten einfanden und oft der Telefonapparat klingelte.

Bodo besorgte den Mädchen Bücher und erschien gelegentlich zum Gutentagsagen in Gittas Zimmer, wenn er keine Vorlesung zu besuchen hatte. Einmal fragte er:

„Na, ist noch keine Einberufung zum Kursus eingetroffen?"

„Noch nicht", antwortete Gitta. „Wir denken aber, daß wir nicht mehr lange warten müssen."

„Nun, dann wird bei euch nach Beendigung des Lehrgangs die Büffelei ja bald ein Ende haben und die Berufsausübung beginnen. Es werden noch einige Jahre verfließen, bis ich das von mir sagen kann."

„Oh, ein Ende wird es bei uns nie geben, denn wir wollen unsere Sprachstudien ja fortsetzen."

Endlich traf die Einberufung zu dem Ausbildungslehrgang ein. So mußten denn die beiden Anwärterinnen ihre Koffer packen.

Dann kam der Tag, an dem sich Gitta von den Angehörigen verabschiedete. Noch nie war sie für so lange Zeit von zu Hause weggewesen.

Als Gitta Frau Markloff umarmte, traten ihr die Tränen in die Augen.

Die Pflegemutter drückte das Mädchen beruhigend an sich, aber auch ihre Augen waren feucht.

„Du wirst ja in nicht zu ferner Zeit zurückkehren, und dann wirst du ein tüchtiges Stück weitergekommen sein, Kind!"

Vater Markloff ermunterte:

„Bald wirst du von Wolkenhöhen auf uns kleine Leute herabschauen, die stets die Füße an der Erde haben müssen."

Gitta lächelte unter Tränen.

Der Vater küßte sie auf die Stirn.

„Wenn du zurückkommst, wirst du ja wohl das blaue Garbardinekostüm und die gelbe Bluse tragen?"

Bodo fügte hinzu:

„Und die fesche Mütze mit dem goldenen Kranich! Juchhu!"

„Das hoffe ich doch!"

Alma seufzte bekümmert:

„Und ich soll wirklich allein tippen? Wie schön wäre das gewesen, wenn wir nebeneinander gearbeitet hätten. Bei uns ist es doch auch recht nett; es dröhnen keine Motoren, und man muß sich nicht so vielen Menschen anpassen.

Wenn du die Sache leid kriegen solltest, nachdem es nun immer mehr an das Praktische geht, dann weißt du, wo du gemütlich sitzen kannst!"

Gitta nickte Alma zu. Ihre Fröhlichkeit kehrte zurück.

„Wenn man mich als Luftfee anstellt, werde ich dich, wenn ich keinen Dienst habe, öfter besuchen."

Bodo trug Gittas Koffer zum Wagen. Dann mahnte er:

„Es ist Zeit, Schwesterchen!"

Sie winkte noch eimal nach dem Wohnzimmerfenster und stieg ein.

Bodo steuerte durch die Straßen nach der Wohnung der Familie Theiß.

Ursula war reisefertig. Voll freudiger Erregung wartete sie am Fenster. Bodo brauchte kein Hupenzeichen zu geben. Er stoppte, stieg aus und verstaute Ursulas Gepäck. Gitta verabschiedete sich von der Familie Theiß, deren Angehörige gute Reise wünschten.

Dann ging die Fahrt weiter durch den Stadtwald zum Flugplatz. Auch hier half Bodo, das Gepäck zu befördern. Dann drückte er Gitta und Ursula herzlich die Hände und äußerte unter Lächeln:

„Nun gilt es also der letzten Hürde. Nehmt sie mit Schwung!"

Gitta erwiderte das Lächeln, dankte für die Hilfe und bat zuversichtlich:

„Halte die Daumen!"

„Klar! Wird gemacht!"

Die Mädchen gingen nach der Sperre. Gleich darauf hatte Gitta das Bild vor Augen, das sie so sehr liebte. Auf dem Vorfeld hinter dem Verwaltungsgebäude standen mehrere Clipper.

Alsbald schon wurde durch die Lautsprecher bekanntgegeben, die Reisenden, die für das Flugzeug der Deutschen Lufthansa nach Stuttgart, München oder Rom gebucht hätten, würden gebeten, sich an Bord zu begeben.

Gitta und Ursula gingen an die Sperre, ließen ihre Freiflugpapiere prüfen und gingen auf das große Flugzeug zu.

Unwillkürlich mußte Gitta lächeln. Wie befangen war sie bei ihrem ersten Flug, und wie sicher bewegte sie sich heute.

Die Mädchen stiegen über die Landetreppe ein. Gitta suchte zwei freie Plätze, bei denen die Aussicht nicht durch die Bordkanzel und die Tragflügel behindert wurde.

Einander gegenüber nahmen die Mädchen Platz, und dann atmeten sie beglückt auf. Ursula sagte:

„Träume ich wirklich nicht?"

„Soll ich dich kneifen?"

„Ja, aber mach mir keinen blauen Fleck!"

Sie lachten beide verhalten.

Ursula probierte das Anschnallen der Gurten, und Gitta zeigte ihr, wie der Verschluß funktionierte. Dann ließ Ursula den Aschbecher herausspringen, und schließlich beobachteten die beiden Mädchen, wie die Reisenden Platz nahmen und die freundliche Luftbegleiterin diese beriet und betreute.

Gleich darauf rollte der Clipper flott auf die Startbahn, und dann brauste er über diese dahin und hob sich in die Luft.

Die Mädchen blickten in die Tiefe. Gitta empfand wieder das Wunder des Gelöstseins von der Erde.

Ursula flüsterte:

„Wie schade, ach, wie schade!"

„Was ist denn los, Ursula?"

„Ich bedaure, daß der Flug nach Stuttgart nur fünfzig Minuten dauert und der Weiterflug von dort nach München auch nur die gleiche Zeit!"

Gitta lächelte. Sie konnte die Empfindungen der Freundin verstehen, wäre doch auch sie am liebsten recht lange geflogen.

Die Freundinnen lauschten den Mitteilungen der Stewardeß, die diese in deutscher und englischer Sprache machte, und lasen die Leuchtschrift.

Aufmerksam sahen sie zu, wie die Luftbegleiterin den Fahrgästen die Kissen auf die Knie legte und dann den Kaffee mit Sahne und Kuchen servierte. Sie staunten, wie schnell und geschickt das ging, und nahmen sich vor, ihren Dienst ähnlich reibungslos und gewandt zu versehen.

Gitta freute sich wieder über die zweckmäßige Einrichtung des Tabletts. Ursula war ganz entzückt davon.

Herrliche Bilder boten sich den Freundinnen, als das Flugzeug über dem Neckar und Württemberg dahinschwebte. Die zwanzig Minuten Aufenthalt auf dem Stuttgarter Flugplatz benützten die Mädchen, um sich den Flugbetrieb anzusehen.

Dann ging der Flug weiter über die romantische Schwäbische Alb mit ihren bewaldeten Bergen und tiefen Tälern, über die Donau und die Oberbayerische Hochebene. Fern waren die Berge der Alpen und die zahlreichen Seen zu sehen.

Viele Fragen über die Landschaft wurden an die Luftbegleiterin gerichtet, und Gitta sah ein, daß es seine Berechtigung hatte, wenn von der Stewardeß gute geographische Kenntnisse verlangt wurden.

Aufmerksam betrachteten die Freundinnen das großartige Bild, das München von oben bot.

Der Clipper wandte sich dem Flugplatz Riem zu und landete glatt.

Gitta und Ursula begaben sich zur Verwaltung und wurden dort freundlich willkommen geheißen. Von einer jungen Dame, die das blaue Gabardinekostüm und die gelbe Bluse der Luftbegleiterinnen bereits tragen durfte, wurden sie zum Heim der Luftstewardessen geleitet, wo Gitta und Ursula auf ihren Wunsch ein gemeinsames Zimmer zugeteilt wurde.

Dies war hübsch und gemütlich eingerichtet, so daß die Freundinnen sogleich das Empfinden hatten, sich hier wohlfühlen und gut arbeiten zu können.

Marlies Voß, die „fertige" Kollegin, zeigte den Anwärterinnen auch, wo sich die Lehrsäle befanden.

Gitta erkundigte sich:

„Wann wird es denn losgehen?"

„Morgen schon. Dort auf dem Tisch liegt der Stundenplan! Die meisten Anwärterinnen sind schon eingetroffen, und die anderen werden für den Lauf des Tages erwartet."

Die Freundinnen bedankten sich für die Einführung. Als sie später durch die Flure des Hauses gingen, konnten sie erkennen, daß die meisten Zimmer bereits bewohnt waren. Man hörte Lachen und fröhliches Plaudern. Freundliche Grüße wurden ausgetauscht.

Belustigt äußerte Gitta:

„Man spürt förmlich, daß die Anwärterinnen sorgfältig auf ausgeglichene Gemütsart geprüft worden sind."

Ursula bestätigte:

„Zweifellos ist das richtig. Mißmut verdirbt die Laune, und Frohsinn stärkt die Lebensfreude. Es ist ganz klar, daß sich die Fluggäste bei lebensbejahenden und munteren jungen Betreuerinnen wohler fühlen als bei griesgrämigen und sauertöpfischen oder gar nervösen Mädchen."

Am nächsten Morgen fanden sich die Kursteilnehmerinnen im Aufnahmesaal ein. Die vorzüglich gewachsenen, hübschen und gutgekleideten jungen Mädchen boten mit ihren ebenmäßigen Gesichtern und gepflegten Erscheinungen ein reizendes Bild von Jugendfrische, Frohsinn, Scharm und Lebensmut.

Die Kursleiterin begrüßte die jungen Damen, kennzeichnete das Ziel und erläuterte den Weg, auf dem dies erreicht werden sollte.

Für die Mädchen begann eine Zeit umfassenden und abwechslungreichen Lernens. In den Unterrichtsstunden wurden die Entstehung der Deutschen Lufthansa, ihre Wiedergründung, ihre Luftflotte, die Typen der Flugzeuge, die Flugstrecken, die technische Abwicklung des Flugverkehrs, die Aufgaben der Besatzungsangehörigen und vieles andere gelehrt. Gymnastik wurde zum Auflockern viel getrieben. In einem abgestellten Flugzeug wurde das Servieren geübt. Auch die Betreuung von Kindern und die Versorgung von Kranken wurden praktisch erprobt.

Gitta und Ursula besaßen ärztliche Bescheinigungen, aus denen hervorging, daß sie völlig gesund waren. Nun wurden sie wie die anderen Bewerberinnen nach modernen Methoden sehr eingehend auf die körperliche Eignung für die Tätigkeit als Luftbegleiterinnen untersucht. Dafür waren Geräte ähnlich dem Linktrainer entwickelt worden.

Die Wochen flogen dahin. Die Tage kamen, an denen die Anwärterinnen zeigen sollten, was sie gelernt hatten.

Die Chefstewardeß erschien mit den Beauftragten der Direktion, die bei der Auswahl der Bewerberinnen mitgewirkt hatten. Sie erläuterte, die Anwärterinnen wüßten ja, daß die Fluggäste gern nach Einzelheiten fragten, und daß es daher notwendig sei, richtig und im Unterhaltungston zu antworten.

Einer der Herren fragte Gitta:

„Welche Flugzeugfabrik hat die Clipper der Deutschen Lufthansa hergestellt?"

„Die amerikanische Douglas-Aircraft-Company."

„Welche Flugzeuge verwendet die Deutsche Lufthansa?"

„Für Kurz- und Mittelstrecken die zweimotorige ‚Convair 340' und für den Transatlantikdienst die viermotorige ‚Super-Constellation'."

Wieviel Fluggäste kann denn eine ‚Convair 340' aufnehmen, Fräulein Renson?"

„Sie kann vierundvierzig Fluggäste befördern."

„Wieviele Kilometer kann sie in der Stunde fliegen?"

„Vierhundertfünfzig Kilometer."

„Welche Startleistung hat ein Motor der ‚Convair'?"

„Zweitausendvierhundertfünfunddreißig Pferdestärken."

Der Prüfer nickte Gitta freundlich zu und wandte sich an Ursula, welche die an sie gerichteten Fragen über die technischen Verhältnisse der ‚Super-Constellation L 1049 E' flott beantworten konnte.

Andere Anwärterinnen kamen an die Reihe, und dann wandte sich einer der Prüfer an Gitta:

„Welche Aufgaben hat der Flugkapitän?"

„Er hat seinen festen Platz am linken Doppelsteuer und führt das Flugzeug selbst beim Starten und Landen und in allen Lagen, die sein persönliches Eingreifen erforderlich machen. Wie der Kapitän eines Schiffes trägt er die Gesamtverantwortung. Er sorgt auch dafür, daß sich die Fluggäste wohlfühlen, und überzeugt sich auf gelegentlichen Gängen durch die Kabinen davon."

„Wer vertritt ihn dann am Steuer?"

„Sein Stellvertreter, der zweite Flugzeugführer."

„Welche Aufgaben hat denn der Bordingenieur?"

„Er ist dafür verantwortlich, daß sich das Flugzeug in gutem flugsicherem Zustand befindet. Er übernimmt die Maschine auf dem Boden vom Wartungspersonal. Während des Fluges überwacht er an den Instrumenten laufend die Motoren und den Kraftstoffverbrauch."

„Welche Aufgaben hat der Bordfunker?"

Er bedient das Sende- und Empfangsgerät, setzt unterwegs Standort- und Wettermeldungen ab und macht Eigenpeilungen. Er hält auch die Funkgeräte instand."

„Führt er beim Anflug auf den Zielhafen auch den Funksprechverkehr?"

„Nein, dann schaltet sich der Flugkapitän selbst ein und läßt sich von den Bodenstationen die Landeanweisungen und Wettermeldungen geben." „Welcher Besatzungsangehörige hat, besonders bei Langstreckenflügen, noch wichtige Aufgaben?"

„Der Navigator. Seine Hauptaufgabe ist es, das Flugzeug so zu führen, daß es die günstigsten Wind- und Wetterverhältnisse für seinen Flug hat."

„Wie macht er das?"

„Er wertet die Wettermeldungen und Peilungen aus und macht mit Hilfe des Sextanten astronomische Standortbestimmungen."

Der Prüfer nickte zufrieden. Bei diesem Mädel konnte er fragen, was er wollte, es antwortete prompt und richtig.

Aber noch war die Prüfung nicht beendigt. Am nächsten Tag begaben sich die Beauftragten und die Bewerberinnen vielmehr an Bord eines abgestellten Flugzeugs, und hier führten die Mädchen Übungsaufgaben vor.

Eine hatte in der kleinen Küche am Heck die Mahlzeiten und Speisen zu richten, und die andere servierte. Dabei spielten die Prüfer, die Chefstewardeß, die Anwärterinnen und Angestellte der Luftfahrtgesellschaft die Fluggäste.

Gitta hatte die Handgriffe in der Küche schon so oft geübt, daß sie hoffte, es werde ihr alles flott von der Hand gehen, als sie Mahlzeiten und Kaffee zu richten hatte. Dennoch brauchte das Herrichten zahlreicher Mahlzeiten natürlich seine Zeit. Alles mußte den richtigen Wärmegrad haben, nichts durfte vergessen werden, und eine bestimmte Zeit durfte nicht überschritten werden.

Es klappte. Gitta kam gut zurecht und verstaute ebenso flink die zurückkommenden Geschirre.

Als sie mit dem Servieren an der Reihe war, konzentrierte sie sich. Nur ja jetzt kein Tablett fallen lassen oder gar jemand heiße Flüssigkeiten oder Speisen über Kleidungsstücke oder in das Gesicht schütten!

Flink trug Gitta die Speisebretter durch den Gang und verteilte sie. Die Chefstewardeß und die Prüfer richteten dabei Fragen an sie, wie sie sich beim Speisen im Flugzeug ergeben. Obgleich sie dabei absichtlich nervöse und ungeduldige Fluggäste spielten, ließ Gitta sich nicht aus der Ruhe bringen, sondern beantwortete alle Fragen höflich und gewandt.

Ihr und den anderen Lehrgangsteilnehmerinnen unterlief kein Mißgeschick. Am nächsten Tag konnten sie noch einmal Fluggäste und Luftbegleiterinnen spielen, und zwar diesmal im Clipper, der einen Rundflug über München und der Umgebung machte.

Wiederum fielen alle Übungen, die sich diesmal auch auf das Verhalten bei Erkrankungen und auf Kinderbetreuung erstreckten, zur Zufriedenheit aus. Nach der Landung teilte die Chefstewardeß den gespannt lauschenden jungen Damen im Hauptlehrsaal mit, daß alle die Prüfung bestanden hätten und nun also keine Bewerberinnen mehr seien, sondern sich als Luftbegleiterinnen im Dienst der Deutschen Lufthansa betrachten dürften.

Lauter Jubel klang auf. Die Mädchen gratulierten einander und nahmen hocherfreut die Glückwünsche der Chefstewardeß und der Prüfer entgegen.

Gitta und Ursula umarmten einander beglückt.

Die Chefstewardeß überreichte den Mädchen eine Anstecknadel in Form eines goldenen Kranichs.

Wie sehr hatten Gitta und Ursula diesen Augenblick herbeigesehnt! Nun steckten sie sich gegenseitig die Abzeichen an.

Fräulein Hausmann übermittelte den jüngsten Luftbegleiterinnen auch die Glückwünsche der Gesellschaft und lud sie in deren Namen für den Abend zu einer kleinen Feier ein.

Die Augen der Mädchen leuchteten. Ihre Wangen waren gerötet. Beschwingt wie noch selten in ihrem Leben kehrten Gitta und Ursula in ihr Zimmer zurück.

Dort umschlangen sie einander wieder und tanzten durch das Zimmer, und Ursula rief:

„Ich kann es noch nicht fassen! Ist es wirklich wahr?"

„Soll ich dich wieder einmal kneifen? Mit oder ohne blaue Flecke?"

Ursula lachte, und Gitta stimmte ein.

Ursula ging an das Fenster.

„Mir ist zumute, als müßte ich hinausrufen: wer ist froher als ich?!"

„Auf, auf, zum Postamt! Wenn wir uns daranhalten, können wir noch Telegramme aufgeben, bevor wir an das Umziehen denken müssen!"

„Da hast du recht! Los!"

Die Freundinnen gingen zum Postamt. Dort waren schon einige Kolleginnen, welche die gleiche Absicht hatten.

Gittas Telegramm lautete:

„Juchhu und herzliche Grüße! Eure Luftfee Gitta."

Alle werden sich mit mir freuen, dachte sie, als sie zur Seite trat, um der nächsten frischgebackenen Luftbegleiterin den Platz am Schalter freizugeben.

Für die abendliche Feier legten die Freundinnen ihre schönsten Kleider an. Auch die anderen jungen Damen hatten sich nett gekleidet und sich hübsch gemacht.

Die Direktion hatte Luftstewardessen, Piloten, Ingenieure, Funker und Damen und Herren vom Flugplatzpersonal eingeladen und machte die neuen Mitarbeiterinnen bekannt. Wohlgefällig ruhten die Blicke der Männer auf den schönen, gut angezogenen und angenehmen jungen Damen. Umgekehrt gewannen die Mädchen die Überzeugung, daß die Männer vom Bord- und Bodenpersonal Leute waren, die viel gelernt und gearbeitet und dabei in ernstem Pflichtbewußtsein ihre Persönlichkeiten entwickelt hatten. Das schloß nicht aus, daß sie sich beim geselligen Zusammensein als liebenswürdige Gesellschafter zeigten.

Der Abend war einer der schönsten, den Gitta je erlebt

hatte. Sie war keine Schülerin mehr, sondern wurde als junge Dame anerkannt, welche die Voraussetzungen zur Ausfüllung eines verantwortungsvollen Postens nachgewiesen hatte. Die kleinen Huldigungen der Herren ließ sie sich gern gefallen.

Viel zu schnell verrannen die schönen Stunden. Als die beiden Freundinnen in ihr Zimmer zurückgekehrt waren und sich zum Niederlegen auskleideten, sagte Gitta aus tiefstem Herzensgrund:

„Ach, wie schön ist das, ein Ziel erreicht zu haben, nach dem man sich so sehr gesehnt hat!"

„Ja, wie schön!" bestätigte Ursula.

Am nächsten Tag fuhren die Freundinnen in die Stadt, um sich beim Modeschöpfer die kleidsame Berufstracht anmessen zu lassen. Bis zu deren Fertigstellung blieben die Freundinnen in München. Sie baten die Chefstewardeß, sie in Frankfurt zu stationieren, da sie dort zu Hause seien. Diesem Wunsch wurde auch zu ihrer großen Freude entsprochen.

Gitta und Ursula fanden jetzt endlich besser Zeit, sich auch in der Stadt und in der Umgebung umzuschauen. Sie besuchten die Theater, Bildergalerien und das Deutsche Museum, und sie machten Fahrten in das Isartal, nach den benachbarten oberbayerischen Seen und nach den landschaftlich schön gelegenen Orten am Rand der Alpen.

Zwischendurch besuchten sie den Schneidermeister und ließen ihre neue Garderobe anprobieren. Endlich war diese fertig.

Voll Erwartung zog Gitta das blaue Gabardinekostüm und die gelbe Bluse an und setzte die schicke Mütze auf. Dann trat sie vor den dreiteiligen Spiegel und betrachtete sich gespannt.

Alles saß tadellos und kleidete sie ausgezeichnet. Da war keine störende Falte zu erkennen.

Auch Ursula trat im Berufskostüm vor den Spiegel und musterte sich kritisch. Ihre Züge hellten sich auf. Ihre Augen leuchteten, und sie jubelte:

„Schön! Herrlich! Gelt, Gitta?" Sie lächelte der Freundin im Spiegel zu, machte einen Knicks und fuhr fort: „Wir sind es wirklich, Gitta!"

„Ich brauche dich also nicht zu kneifen? ... Ja, wir sind es und sehen keinesfalls etwa verwunschene Mädchen vor uns!"

Die Freundinnen behielten die Kostüme an und ließen die Kleider, in denen sie gekommen waren, einpacken und an die Angehörigen nach Frankfurt senden.

Dann wanderten sie durch die Kaufinger- und Neuhauserstraße, am Rathaus und an der Feldherrnhalle vorbei und die Brienner- und Ludwigstraße entlang. Die große Freude trieb sie an.

Sie merkten wohl, daß sich die Aufmerksamkeit vieler Frauen und Mädchen auf sie richtete, und sie fühlten es, daß sich manche Männer umdrehten und ihnen interessiert nachschauten. Das erfüllte sie mit heiterer Genugtuung.

Gitta äußerte einmal:

„Sind wir denn eitel geworden, Ursula? Wir waren doch bisher so fleißig und vernünftig!"

„Ach, warum sollen wir nach so viel strenger Arbeit die Leine nicht etwas locker lassen? Man macht ja auch gewöhnlich für gewisse Zeit Urlaub, wenn man lange intensiv gearbeitet hat."

„Das hast du nett gesagt, Ursula."

Lange setzten die Freundinnen den entspannenden und amüsanten Bummel aber nicht mehr fort, sondern sie kehrten alsbald in das Heim zurück.

Am nächsten Tag erhielten sie Freiflugkarten und verabschiedeten sich von Fräulein Hausmann und von den für sie zuständigen Damen und Herren der Direktion. Auch von den Kolleginnen, zu denen sie während des Lehrgangs und auf der Abschiedsfeier freundschaftliche Verbindung gewonnen hatten, nahmen sie Abschied. Man durfte hoffen, daß man einander künftighin immer wieder begegnen würde.

Auf dem Flug bereitete es Gitta Vergnügen, sich an die Stelle der Luftbegleiterin zu denken. Bald würde sie zum ersten Male selbständig arbeiten und dann so die Lufthosteß, die Wirtin, spielen wie die Kollegin.

Als die Freundinnen in Frankfurt den Clipper verließen, verabschiedeten sie sich herzlich von der Betreuerin. Nach dem Passieren der Sperre äußerte Gitta:

„Nun bin ich gespannt, ob unser Telegramm rechtzeitig ankam und wir abgeholt werden."

Die Mädchen verließen das Verwaltungsgebäude und sahen sich um. Da kamen auch schon Alma, Bodo und Frau Theiß herbeigeeilt, und es gab ein herzliches Begrüßen und fröhliches Gratulieren.

Auf der Fahrt in die Stadt setzte Bodo unterwegs Frau Theiß und Ursula ab, und dann steuerte er flott in die Kinkelstraße. Er hielt aufmerksam Ausschau, zwischendurch musterte er aber auch öfter Gitta. Diese fragte:

„Habe ich mich in diesen Monaten verändert?"

Eifrig bestätigte Alma:

„Zweifellos! Du bist reifer und hübscher geworden. Und elegant bist du . . .!"

„Aber sonst bin ich bestimmt die alte geblieben!"

Als der Wagen vor dem Hause Nummer 18 hielt, stieg Gitta sogleich aus und schaute nach den Fenstern. Richtig, dort oben stand die Mutter!

Gitta winkte strahlend, und Frau Markloff hob beide Hände zur Begrüßung. Dann wandte sie sich ab, um die Haustür zu öffnen.

Im Flur flog Gitta der Pflegemutter an den Hals und küßte sie immer wieder.

„Da bin ich wieder, Muttchen!"

Frau Markloff drückte Gitta nochmals an sich und sagte:

„Wie froh bin ich, daß der Lohn für alle deine Mühen und Anstrengungen nicht ausgeblieben ist, Gitta!"

Dann schob sie das Mädchen von sich und betrachtete es froh mit mütterlichen Blicken. Dies prächtige Geschöpf hatte sie erzogen und betreut! Nicht gering war ihr Anteil an dem schönen Lebenserfolg des Mädchens. Darüber redete man nicht, aber insgeheim durfte man ein wenig stolz und glücklich sein.

Auch Frau Markloff bewunderte das elegante Kostüm und die fesche Mütze, und bei sich erkannte sie an, daß Gitta die vorteilhafte Berufskleidung gut zu tragen verstand. Das Mädel hatte einen natürlichen Scharm, der durch die Kleidung in angenehmer Weise ergänzt wurde.

Der Vater, der aus Gittas Telegramm die ungefähre Ankunftszeit hatte entnehmen können, erschien.

Beim Abendbrot mußte Gitta dann das ausführlich erzählen,

was sie wegen Zeitmangels nicht schriftlich hatte berichten können. Die Angehörigen hatten gemeinsam ein schönes Reisebesteck und zweckmäßige Taschen sowie elegante Köfferchen gekauft. Diese schenkten sie nun Gitta. Gerührt bedankte sie sich für die hübschen und für sie so notwendigen Gegenstände.

Es war ein frohes Bewußtsein für sie, daß sie nun ein gutes Gehalt hatte und sich künftighin für alle empfangenen Wohltaten erkenntlich zeigen konnte.

Der Vater gab Bodo einen Wink, den dieser verstand. Bodo verschwand im Keller und kehrte eine Weile später mit zwei Flaschen Wein zurück.

Alma stellte die Gläser bereit, und dann wurde allgemein auf Gittas Erfolg angestoßen.

Vater, Mutter und Bodo sprachen wohlformulierte Glückwünsche aus. Alma jedoch gab sich weiter keine Mühe, sondern stieß mit der Pflegeschwester an, daß die Gläser klangen, und rief:

„Prosit, Luftfee!"

Der erste Berufsflug

Voll Spannung wartete Gitta auf ihren ersten Berufsflug. Sie bedauerte es, daß sie im Dienst nicht mit Ursula zusammen sein konnte, aber sie hatten ja beide noch keine praktische Erfahrung und sollten sich diese in der Anlehnung an Luftbegleiterinnen aneignen, die schon längere Zeit selbständig arbeiteten.

Endlich traf die voll Spannung erwartete Nachricht ein. Gitta konnte ihr entnehmen, daß sie dem innerdeutschen Dienst zugeteilt worden war, der München, Stuttgart, Frankfurt am Main, Düsseldorf und Hamburg miteinander verband.

Eine gute Weile vor der festgesetzten Zeit traf Gitta auf dem Flugplatz ein und machte sich im Aufenthaltsraum des Personals mit dem Piloten, dem Bordingenieur, dem Funker, dem Navigator und der Kollegin bekannt.

Inge Fichtner stand schon längere Zeit im Flugdienst. Sie

war zwei Jahre älter als Gitta und ein bildschönes Mädchen von strahlendem Scharm. Gitta fühlte, daß sie sich der Älteren anvertrauen durfte, und die Mädchen fanden schnell angenehmen Kontakt.

Der erste Flug als Luftbegleiterin sollte nach Hamburg führen. Gitta begrüßte den hübschen Zufall, denn sie hatte ja damit die gleiche Strecke, die sie als begeistertes Flughäschen kennenlernen durfte.

Mit Inge begab sie sich auf das Vorfeld. Wie meist wurden zwei- und viermotorige Clipper startbereit gemacht. Gitta ließ die Blicke darüber hinweggleiten und diese dann auf der Maschine ruhen, welche die Zeichen der Deutschen Lufthansa trug.

Welch schönes Bild bot der Riesenvogel mit seinen edlen Formen!

Inge und Gitta begaben sich an Bord und übernahmen vom Bodenpersonal Speisen in Behältern, Speisebretter, Geschirr, Getränke, Rauchwaren, Briefpapier, Zeitungen und Zeitschriften.

Inge blieb in der Küche. Gitta stellte sich an die Treppe, begrüßte die Fluggäste, zeigte ihnen freie Plätze, erteilte Auskünfte und half älteren Damen und Herren beim Platznehmen.

Zwischendurch fand sie für Augenblicke Zeit, nach den Clippern auf dem Flugplatz, nach den rollenden Tankwagen und den noch fehlenden Fluggästen auszuschauen. Sie ging auch nach der Pilotenkanzel und gab nach der Verständigung mit dem Flugzeugführer auf deutsch und englisch bekannt, daß der Clipper binnen Minuten nach der Startbahn rollen werde.

Dann war es soweit. Die Tür wurde geschlossen. Die Motoren dröhnten, und die Luftschrauben brausten schnell und schneller. Der Clipper rollte über die Verbindungsstraße.

Freundlich bat Gitta die Fluggäste, sich anzugurten, und sie half denen, die noch nicht mit dem Mechanismus vertraut waren.

Dann teilte sie auf eine Frage mit, daß die Startleistung der „Convair“ ungefähr fünftausend Pferdestärken betrage.

Zum ersten Male hatte Gitta es mit Leuten zu tun, die nicht Fluggäste spielten, sondern unbefangene Reisende waren. Über vierzig Damen, Herren und Kinder zählte Gitta. Wenn die nun plötzlich alle gleichzeitig Wünsche äußern und ungeduldig würden?

Aber die Reisenden hatten es keineswegs darauf abgesehen, der Lufthosteß, ihrer liebenswürdigen Wirtin, das Leben schwer zu machen. Man fragte nach Zeitschriften und Briefpapier. Gitta besorgte alles flink. Dabei sagte ihr Inge, daß sie die Mahlzeiten zur Ausgabe vorbereitet habe.

Gitta erkundigte sich, wem sie das Mittagessen reichen dürfe, gab den Fluggästen die Kniekissen und verteilte alsdann die Platten mit den Speisen.

Als sie durch den Gang schritt, merkte sie einige Male sehr, daß es ein Unterschied ist, ob man im auf dem Boden stehenden Clipper serviert, oder ob man im fliegenden Flugzeug Speiseplatten zu tragen hat, denn es gab gelegentlich Luftstöße und Erschütterungen, und es galt, diese abzufangen.

Gitta mußte sich flink bewegen, damit die Zeit zwischen der Versorgung des ersten und des letzten Gastes nicht zu lang wurde und keine Ungeduld aufkam.

Alles klappte gut, und sie konnte auch das Geschirr abtragen, ohne daß ein unangenehmer Zwischenfall eintrat.

Als Gitta das letzte Tablett in die kleine Küche brachte, sagte sie unter erleichtertem Aufatmen:

„Geschafft . . . ohne Panne!"

Inge brachte alles in zweckmäßigen Behältern unter.

„Na, sehen Sie, Gitta, warum auch nicht?! Die Sicherheit wird mit der Übung allmählich ganz von selbst kommen."

Gitta winkte ihr zu und huschte wieder in den Gang hinaus. Sie vergewisserte sich, wo sich das Flugzeug befand, und wies die Fluggäste auf deutsch und auf englisch auf besondere Merkmale der Landschaft hin.

Sie selbst nahm vollen Anteil an den Schönheiten des Fluges. In ihren Mitteilungen klang daher die Freude am Schauen und Erleben mit. Es mochte sein, daß diese die strahlende Natürlichkeit ihres Wesens verstärkte, denn oft trafen sie wohlwollende Blicke der Fluggäste.

Gitta fiel auf, daß eine junge Frau Mitte der Zwanzigerjahre, die ein ungefähr zweijähriges Töchterchen bei sich hatte, mehr und mehr blaß wurde und öfter gequält die Hände an die Schläfen oder auch auf den Magen preßte.

Die Arme ist luftkrank, dachte Gitta.

Die kleine Marion, ein entzückendes Geschöpfchen mit dunklen Kirschaugen und braunen Locken, die bis auf die Schultern fielen, merkte, daß mit ihrer Mutter etwas nicht in Ordnung war und weinte.

Da und dort hoben Fluggäste die Köpfe und schauten voll Anteilnahme drein, anderen war aber auch ein gewisses Unbehagen anzumerken.

Gitta brachte der Dame eine Tablette und sagte ihr, wie sie am besten mit den Beschwerden fertig werden könne.

Dann nahm sie das Kind an der Hand und wanderte mit ihm durch den Gang nach der Küche.

Dort begrüßte Inge den kleinen Gast. Sie nahm Marion auf den Arm und zeigte ihr die blitzsauberen und blinkenden Küchengeräte sowie die hübschen kleinen Kännchen und Schälchen, die auf die Speiseplatten gehörten.

Die Kleine vergaß ihren Kummer völlig und spielte vergnügt. Einstweilen hatte sie nicht den Wunsch, zu ihrer Mutter zurückzukehren. So konnte diese sich einigermaßen erholen.

Als das Flugzeug Hamburg erreicht und Gitta die Landung angekündigt hatte, ging sie in die Küche, um die Kleine zu ihrer Mutter zurückzubringen. Da protestierte das Lockenköpfchen; es wollte noch eine Weile bei den lieben Tanten bleiben, die so hübsche Spielsachen hatten.

Mit List und Geschick gelang es Gitta endlich, das Kind auf den Arm zu bekommen. Sie brachte es der Mutter, die sich für die Betreuung herzlich bedankte. Als diese Marion aufforderte, der ‚Tante‘ Lebewohl zu sagen, umarmte das Kind Gitta zutraulich und küßte sie.

Gitta drückte das reizende Geschöpfchen an sich und gab ihm viele gute Wünsche mit auf den Weg.

Das Vertrauen der Kleinen beglückte sie, und das Erlebnis erschien ihr als reizender Abschluß ihres ersten Berufsfluges.

Auch auf dem Rückflug klappte für Gitta alles ausgezeichnet. Als sie sich von den Besatzungsmitgliedern verabschiedet hatte, merkte sie, daß sie nach der starken Konzentration herzlich müde war. Wieviel Schritte hatte sie aber auch nicht gemacht! Wenn man diese aneinanderreihte, dann kamen mehrere Kilometer zusammen.

Gitta war froh, als sie zu Hause angelangt war und es sich im Wohnzimmer in einem Sessel bequem machen konnte.

Alma fragte gespannt:

„Nun, wie war es, Luftfee?"

„Danke, alles ist glatt verlaufen. Darüber bin ich sehr froh."

„Hast du etwas Romantisches oder Abenteuerliches erlebt?"

Gitta lachte und erzählte das Erlebnis mit dem reizenden kleinen Lockenkopf.

Alma hörte voll Anteilnahme zu.

„Und sonst war nichts?"

„Es mag sein, daß manches eigenartige Erlebnis an die Luftbegleiterin herangetragen wird. Im Herzen darf sie Romantikerin sein, aber im Dienst darf sie sich keinen Schwärmereien überlassen, denn ihr Erfolg ist von großer Konzentration abhängig."

Alma wiegte ein wenig enttäuscht den Kopf.

„Ich hatte geglaubt, die Luftbegleiterin habe einen romantischen Beruf. Ach, die Wirklichkeit ist fast immer anders als die Vorstellung, die man sich im allgemeinen macht."

„Ich bin durchaus nicht enttäuscht. Immer war ich mir darüber im klaren, daß ich einen der interessantesten Frauenberufe habe, ich habe aber auch stets gewußt, daß die Wirklichkeit für die Lufthosteß im wesentlichen genau so von ernster Arbeit ausgefüllt ist wie bei den anderen Besatzungsmitgliedern."

Gittas erstem Berufsflug reihten sich viele andere an. Allmählich verlor sie das Gefühl der Unsicherheit völlig. Mit ruhiger Gewandtheit erfüllte sie ihre Aufgaben. Die Reisenden, mit denen sie flog, fühlten sich von ihr wie persönliche Gäste betreut.

Ein großes Erlebnis war für Gitta der Empfang des ersten Monatsgehalts. Es mochte nicht viele junge Mädchen geben, die in ihrem Alter auf Grund eigener Arbeit bereits so viel verdienten wie sie. Freilich mußte sie aber auch immer gut aussehen, stets liebenswürdig sein, auf jede Frage eine treffende Antwort wissen und um das Wohl der Fluggäste unermüdlich bemüht sein, obgleich sie wußte, daß diese nach dem Verlassen des Flugzeugs aus ihrem Lebenskreis schieden. Dazu gehörten nicht nur viel Wissen und Können, sondern auch viel Kraft.

Vergnügt fuhr Gitta in das Stadtinnere. Seit ihrem einundzwanzigsten Geburtstag wußte sie, daß die Ersparnisse, welche ihre Eltern hinterlassen hatten, längst aufgezehrt waren, und sie konnte sich auch eine Vorstellung davon machen, daß ihre Erziehung nicht unbedeutende Kosten verursacht hatte. Daher erfüllte sie zutiefst der Wunsch, den Pflegeeltern ihre Dankbarkeit zu beweisen.

Seit langem hatte sie sich kleine Wünsche gemerkt, die von den Angehörigen absichtslos geäußert worden waren. Nun machte es ihr Vergnügen, einige davon erfüllen zu können. Mit Päckchen beladen kehrte sie heim, und beim Auspacken gab es viel fröhliches Hallo und begeisterten Dank.

Ungewöhnliches Gepäck und eigenartige Fluggäste

Jede Luftreise schenkte Gitta aufs neue das Erlebnis des Fliegens. In der Freizeit, die sie auswärts verbringen konnte, besichtigte sie die Sehenswürdigkeiten der Flughafenstädte und der Nachbarschaft.

Wieviel für sie Neues und Interessantes gab es zu sehen und zu beobachten! Manchmal hatte sie Politiker, Sportsleute und Künstler zu betreuen, die sie aus Filmwochenschauen und von Zeitschriftenbildern her kannte. Sie sah diese Damen und Herren nicht nur so, wie sie sich vor dem Objektiv der

Kamera gaben, sondern sie konnte sie beim zwanglosen Erleben des Fluges beobachten.

Manche sprachen sie persönlich an. Fast alle äußerten, daß sie einen herrlichen Beruf habe und sich glücklich preisen könne, eine der wenigen Auserwählten zu sein, für die der Beruf mit so viel Abwechslung und mit dem Erleben der Welt aus hoher Schau verbunden sei.

Gitta lächelte dazu meist verbindlich, denn gewöhnlich hatte sie gar nicht die Zeit, auf ihre viele Arbeit und die Notwendigkeit zur vollen Konzentration hinzuweisen.

Unter den Fluggästen befanden sich öfter Damen und Herren aus Indien und aus dem Fernen Osten und manchmal auch Negerfürsten aus Afrika und andere exotische Reisende. Unauffällig beobachtete Gitta immer wieder die Inderinnen, die mit ihren feingeschnittenen Gesichtern, dem glatten, gescheitelten schwarzen Haar, dem Kastenzeichen auf der Stirn und den kleidsamen, aber fremd anmutenden Trachten ihre Aufmerksamkeit erregten.

Nicht nur die Fluggäste fesselten Gittas Interesse, sondern auch die Tiere, die öfter befördert wurden, und manches merkwürdige Gepäck.

Da wurde eines Tages beispielsweise ein Eisblock in einem Metallbehälter an Bord gebracht. Mit einem anderen Flugzeug hatte er bereits eine weite Reise hinter sich, und nun sollte er von Gittas Maschine näher an den Wohnort der Empfängerin gebracht werden.

Eine eigenartige Kostbarkeit schien dieser Eisblock zu bergen. Gitta wollte gern wissen, welche Bewandtnis es damit habe, und stellte fest, daß in das Eis eingefrorene Blumen von einem australischen Tennisclub an eine bekannte deutsche Tennisspielerin gesandt wurden. Die junge Dame hatte sich auf Turnieren in Australien viele Freunde gewonnen. Diese hatten ihr zu ihrem Geburtstag nicht nur gratulieren, sondern ihr auch ein Zeichen des Gedenkens senden wollen. Einfacher wäre es gewesen, eine deutsche Firma mit der Überbringung eines Blumenstraußes zu beauftragen. Das wären aber dann deutsche Blumen gewesen und keine australischen. So war man auf den reizenden Einfall gekommen, die Blumen durch Einfrieren frisch zu halten und durch die Luft zu senden.

Das Gesicht der Empfängerin möchte ich sehen, wenn sie diesen Blumengruß erhält und auftaut, dachte Gitta vergnügt. Gewiß wird sie ungeheuer überrascht sein.

Einmal kam kurz vor dem Abflug von Gittas Clipper ein Kraftwagen nach dem Flugplatz gebraust. Ein Mann sprang heraus und rannte nach dem Verwaltungsgebäude. Gleich darauf eilte ein Angestellter der Fluggesellschaft über das Vorfeld. Er rannte die Landetreppe hinauf und überreichte Gitta, die schon die Tür schließen wollte, ein Päckchen.

Schnell unterrichtete sie der Mann, daß das Päckchen ein überaus wertvolles Medikament enthalte, das bei einem Kind angewandt werden solle, das mit dem Tode ringe. In Düsseldorf werde das Päckchen nach dem Eintreffen des Flugzeugs sogleich in Empfang genommen und in das Krankenhaus gebracht werden.

Welche Möglichkeiten bietet doch das Flugwesen! dachte Gitta. Binnen zwei Stunden wird das Kind das Medikament haben. Möge es gerettet werden, das bedauernswerte Geschöpf!

Nach der Landung stellte sich Gitta mit dem Päckchen an die Tür. Da kam auch schon ein Mann über das Vorfeld gerannt und eilte unter Entschuldigungen gegenüber den Aussteigenden die Treppe herauf. Von Frankfurt aus war telefoniert worden, und so klappte die Übermittlung des Medikamentenpäckchens auf die schnellstmögliche Weise.

Nicht nur Menschen hatte Gitta zu betreuen. Manchmal flogen auch Tiere mit. Meist kamen sie aus fremden Erdteilen und waren für Tiergärten bestimmt. Auf dem Transport zu Schiff wären diese Geschöpfe zu lange ungewohnten und für sie unter Umständen schädlichen Verhältnissen ausgesetzt gewesen. Wenn sie mit dem Flugzeug reisten, waren sie jedoch bald wieder in einer Umgebung und Pflege, wie sie sie ihrer Art nach brauchten.

Meist handelte es sich um junge Tiere, die das Leben in der Freiheit noch nicht weiter kannten und von denen man daher annehmen durfte, daß sie sich in die Einschränkung ihrer Bewegungsfreiheit im Zoo fügen würden.

Einmal übernahm Gitta die Fürsorge für mehrere junge Schimpansen. Sie sprach freundlich auf die kleinen Burschen ein, die sie ängstlich aus ihrem Käfig heraus betrachteten. Als sie ihnen Zuckerstückchen reichte, wurden sie zutraulich. Sie ließen sich die Leckerbissen schmecken und streckten die Hände nach weiteren guten Bissen aus.

Gitta half, den Käfig im Gepäckraum unterzubringen. Dabei stieß sie sich in der Enge am Kopf. Erschreckt griff sie mit beiden Händen nach der schmerzenden Stelle und verzog dabei unter einem Klageausruf das Gesicht.

Teilnahmsvoll schauten die Schimpansen sie an, und als sie den Gepäckraum verließ, schnatterten sie aufgeregt hinter ihr her, als wollten sie sie trösten.

Über der Erfüllung ihrer Pflichten vergaß Gitta bald das kleine Zwischenspiel. Als sie ein wenig Zeit hatte, huschte sie in den Gepäckraum, um ihren Schützlingen einige Bananen zu bringen und um zu sehen, wie diesen der Flug bekam.

Die Schimpansen spielten munter. Es war ihnen wohl nicht bewußt, daß sie in großer Höhe flogen, und an das Motorengeräusch hatten sie sich gewöhnt. Wie staunte Gitta, als die Affen sie teilnahmsvoll anschauten und sich dann genau so benahmen, als hätten sie sich am Kopf gestoßen. Sie preßten die Hände dagegen und stießen Klagelaute aus, und dann blickten sie Gitta wieder an, als wollten sie fragen: na, tut es noch weh?

Gerührt dankte Gitta den Schimpansen mit Lächeln und freundlichen Worten, und sie steckte ihnen die Bananen zu, über die sie sich hocherfreut hermachten.

Später schaute sie nochmals nach den Tieren, und siehe da: auch jetzt erkundigten sie sich auf ihre Weise nach dem Befinden der Betreuerin, indem sie die Schmerz- und Schreckgebärden nachahmten.

Mancherlei Tiere bekam Gitta im Laufe der Zeit zu betreuen. Löwen- und Tigerkinder reisten mit ihr, Paviane und Kleinaffen waren reizende Gesellen, und Vögel, wie Papageien, Reiher, Marabus und andere würdevolle und schöne Fluggäste.

Weniger angenehme Geschöpfe waren Schlangen und kleine Krokodile. Mit ihnen mochte Gitta nichts zu tun haben, und sie war froh, daß sie sich nicht um sie zu kümmern brauchte.

Auf Eisenbahnfahrten hatte Gitta schon manchmal alleinreisende Kinder gesehen, die ihre Ausweise in einer Tasche um den Hals und manchmal auch ein Schild mit ihrem Namen und ihrem Reiseziel auf der Brust trugen. Nun erlebte sie es, daß Kinder auch öfter allein auf Luftreisen geschickt wurden.

Die Zuverlässigkeit der Luftbegleiterinnen ist also in weiten Kreisen bekannt, dachte sie voll Genugtuung. Sie nahm sich der Kinder in mütterlich herzlicher Weise an, führte sie an Bord des Flugzeugs, gab ihnen gute Plätze, schnallte sie an, beobachtete sie während des Fluges und betreute sie. Manches vertrauensvolle und dankbare Lächeln war ihr Lohn.

Öfter konnte sie die Schicksale der Kinder erkennen. Einmal hatte sie einen schokoladebraunen achtjährigen Knaben und ein ebensolches sechsjähriges Mädchen zu versorgen, die sie in Frankfurt am Main der Kollegin übergeben sollte, die auf der Atlantikstrecke nach New York Dienst tat.

„Gehört ihr zusammen?" fragte sie die Kinder.

Das bestätigten beide eifrig. Der Junge fuhr fort:

„Bisher haben wir uns nicht gekannt, aber jetzt sind wir Geschwister. Unsere neuen Eltern erwarten uns in Amerika."

Das Mädchen fügte hinzu:

„Dort werden wir keine weiße Mama haben, sondern sie ist braun wie wir und unser Papa auch."

Der Junge erklärte weiter:

„Dort gibt es viele Negerkinder. Die werden fein mit uns spielen!"

Gitta strich beiden über das krause Haar, brachte ihnen Milch und Bonbons und kümmerte sich während des Fluges um sie. Als die Kinder sich in Frankfurt von ihr verabschiedeten, wünschte sie ihnen von Herzen einen glücklichen Lebensweg.

Nicht alle Fluggäste waren so unbefangen und vertrauensvoll wie die Kinder, welche die Luftreise als etwas Selbstverständliches ansahen und das Erlebnis glückselig genossen, ohne an Gefahren zu denken. Es gab auch ängstliche Naturen, die sich nur nach innerer Überwindung oder wegen großer Eile zu der Flugreise entschlossen hatten und die dann manchmal in der Luft von Beklemmungen gequält wurden.

Aus Erfahrung merkte Gitta meist schon am Gesichtsausdruck der Reisenden, wenn sie sich nicht wohlfühlten. Unauffällig beschäftigte sie sich dann mit ihnen und ermutigte sie. Nicht immer hatte sie damit gleich Erfolg. In ihrer inneren Unruhe ließen sich die Reisenden sogar manchmal zu unfreundlichen Bemerkungen verleiten. Gitta überhörte diese bewußt und ließ sich in ihren Bemühungen um das Wohl ihrer Fluggäste nicht beirren.

Eines Tages sah sie beim Schreiten durch den Gang, daß eine ältere Dame auffällig oft die Stirn trocknete und die Blicke unruhig gleiten ließ. Sie trat zu ihr.

„Kann ich Ihnen irgendwie behilflich sein? Haben Sie einen Wunsch?"

Die Dame sah sie dankbar an.

„Mir ist so merkwürdig zumute, so beklommen, so ängstlich. Haben wir noch lange zu fliegen?"

„Gar nicht mehr lange, gnädige Frau. Sie brauchen sich nicht zu beunruhigen. Da, nehmen Sie diese Tablette, sie wird Ihnen guttun!"

Die Dame griff zu. Sie wagte es nicht, aus dem Fenster zu schauen.

„Es wird doch nichts passieren? Ich habe solche Angst. Man liest immer wieder von Flugzeugunglücken mit vielen Toten und Verletzten."

„Keine Sorge, gnädige Frau. Das Flugzeug wird nach einer bestimmten Zahl von Flugstunden immer wieder genau auf seine Verkehrssicherheit überprüft. Die Motoren und die Instrumente stehen unter schärfster Kontrolle. Alles ist also in bester Ordnung, und wir werden genau so sicher und pünktlich eintreffen und landen wie sonst."

„Glauben Sie?" fragte die Dame unsicher, aber mit dem Wunsch zum Hoffen.

„Aber selbstverständlich! In einer Stunde werden wir wohlbehalten eintreffen, und Sie werden dann stolz sein, daß Sie diesen herrlichen Flug mitmachen konnten. Lassen Sie sich die Erinnerung daran nicht von unnötiger Beklommenheit trüben!"

Die Dame seufzte ein wenig, aber Gitta konnte ihr ansehen,

daß sie Mut faßte. Nach der Landung half sie ihr beim Aussteigen, und nun sagte die Ältere:

„Ich hatte mit einem Male schreckliche Angst, wir könnten abstürzen, aber nun freue ich mich, daß ich mitgeflogen bin!"

„Das nächste Mal wird Ihnen ein solcher Gedanke sicherlich gar nicht mehr kommen. Sie haben es ja erlebt, wie schön wir geflogen und wie sicher wir gelandet sind. Freuen Sie sich also künftighin ganz unbefangen!"

Im allgemeinen kam Gitta gut mit den Fluggästen zurecht.

In Hamburg kam eines Tages eine auffällig elegant gekleidete Dame an Bord, die sich so betont sicher bewegte, als sei ihr das Fliegen längst nichts Neues mehr. Sie nahm Platz und schnallte sich unaufgefordert an.

Als sich das Flugzeug in die Luft erhoben hatte, bat die Reisende Gitta um Lesestoff. Diese brachte ihr gleich neue Zeitungen und Zeitschriften.

Die Dame konnte diese unmöglich auch nur oberflächlich durchgesehen haben, da leuchtete in der Küche schon wieder ihre Signallampe auf.

Gitta erkundigte sich nach den Wünschen der Dame. Diese bemerkte, obgleich Gitta sofort erschienen war, verstimmt:

„Sie lassen einen aber warten, mein Fräulein! Geben Sie mir doch, bitte, Briefpapier!"

„Aha! dachte Gitta. Ich bin im Bilde! Schnell erfüllte sie den Wunsch, ohne Stellung zu dem Vorwurf zu nehmen.

Als Gitta kurze Zeit darauf mit dem Servieren von Kaffee begann, fragte die Dame mißmutig:

„Wann erhalte ich endlich mein Tablett, mein Fräulein?"

Am liebsten hätte Gitta geantwortet: Wenn Sie an der Reihe sind, aber sie lächelte liebenswürdig.

„Gleich, gnädige Frau!"

„Was Sie schon gleich nennen!"

Im Davonhuschen dachte Gitta: sie will Ärgernis nehmen. Wehe, wenn ich mir eine Blöße gebe, dann wird sie keine Nachsicht haben!

Sorgfältig wollte sie gleich danach das Tablett auf dem Kniekissen der Reisenden aufbauen, da wandte sich diese ungeduldig zur Seite und stieß dadurch dagegen. Beinahe wäre

Gitta das Tablett entfallen und der heiße Kaffee auf das Kleid und die Hände der Dame geschüttet worden. Gerade konnte Gitta dank ihrer umfassenden Übung und großen Gewandtheit das Tablett noch abfangen und das Unglück verhindern.

Die Reisende wurde rot vor Zorn und fuhr Gitta an:

„Können Sie nicht aufpassen?! Wo haben Sie denn Ihre Gedanken?!"

Gitta hätte antworten können, daß die Dame doch wußte, daß sie das Tablett auf das Kissen bekommen sollte, das bereits auf ihren Knien lag, aber sie war sich klar darüber, daß es der Reisenden keineswegs darauf ankam, das festgestellt zu wissen, sondern daß diese lediglich ihre innere Spannung, die sie aus irgend einem Grunde erfüllte, ableiten wollte. Als Blitzableiter war Gitta nicht da, aber sie dachte nicht daran, der Streitlust der Dame Nahrung zu geben. Unter höflichem Lächeln setzte sie das Tablett vorsichtig auf das Kissen.

„Sie, Sie . . . !" knirschte die Reisende dabei.

Gegenüber saß eine ältere Dame, deren Gesichtszüge Gelassenheit und Güte verrieten. Sie hatte den kleinen Zwischenfall aus der Nähe beobachten und erkennen können, daß Gitta nicht die Spur von Schuld daran traf. Nun maß sie die erregte Dame mit scharfem Blick durch ihre funkelnden Brillengläser.

„Sie wissen so gut wie ich, daß Sie selbst an dem kleinen Malheur schuld gewesen wären, das unsere scharmante Stewardeß gerade noch verhindern konnte. Sie sollten der jungen Dame dankbar sein, sie aber nicht kränken!"

„Mit welchem Recht mischen Sie sich ein?!"

Die Ältere lächelte mit entwaffnender Freundlichkeit.

„Die Luftbegleiterin muß schweigen, ich aber nicht. Wünschen Sie denn wirklich. daß ausgesprochen wird, was Sie doch wissen . . . ?"

„Ach, kümmern Sie sich um Ihre Angelegenheiten!"

„Es gehört zu meinen Angelegenheiten, in meinem Umkreis keine Ungerechtigkeiten zu dulden!"

Die Reizbare zuckte geringschätzig mit den Schultern, aber sie schwieg. Als Gitta eine Weile später das Tablett zurücknahm und das Kniekissen an seinen Platz legte, sah die Dame sie nicht an.

Die ältere Reisende beobachtete das und war offenbar bereit, wieder zu Gittas Gunsten einzugreifen, aber das erwies sich als unnötig, denn nun konnte die erregbare und unruhige Dame auf einmal recht vertieft lesen und sich dann in das Genießen der Aussicht versenken.

Als Gitta wieder einmal vorbeikam und ihr Blick dem der älteren Dame begegnete, lächelte diese kaum merklich. Gitta verstand, was die reizende Beschützerin dachte: der habe ich es gegeben, die wird Sie in Frieden lassen!

Ebenso verhalten lächelte Gitta voll Dankbarkeit.

Nach der Landung hatte die Reizbare es eilig, das Flugzeug zu verlassen. Dabei beachtete sie Gitta nicht.

Die Beschützerin ließ es sich nicht nehmen, Gitta die Hand zu schütteln und ihr für die Zukunft alles Gute zu wünschen.

Zu Hause erzählte sie am nächsten Abend bei Tisch von dem Erlebnis.

Bodo grollte:

„So ein anmaßendes Weib!"

Alma fügte hinzu:

„Ich hätte mir das nicht gefallen lassen! Was Recht ist, muß Recht bleiben!"

Gitta lachte und begütigte:

„Ach, ich denke nicht daran, mich aus dem Gleichgewicht werfen zu lassen. Mir war es nicht darum zu tun, mir das Erlebnis von der Seele zu reden, sondern ich wollte euch erzählen, welch prächtige Menschen es auch gibt, denn war die ältere Dame nicht großartig überlegen und herrlich gütig?"

Ein Nachtflugabenteuer

Gitta und Ursula wurden im Beruf allmählich so sicher, daß sie nicht mehr mit Stewardessen flogen, die längere Erfahrung hatten, sondern selbst Anfängerinnen zur Beratung und Anleitung zugeteilt bekamen. Manchmal traf es sich auch, daß sie zusammen flogen. Dann war die Freude jedesmal groß.

Wenn die Berufspflichten Gitta die Zeit ließen, dann schaute sie während der Flüge gern durch ein Fenster in die Tiefe. Oft überfluteten der Mond und die Sterne die Landschaft mit ihrem Licht. Dann glänzten die Flüsse und Seen silbern, und man konnte die Städte, die Ortschaften und Wälder erkennen.

War die Nacht aber dunkel, dann leuchteten die Tausende von Lichtern der Städte in der Tiefe. Plätze und Straßenzüge waren zu erkennen, und wenn das Flugzeug nicht allzu hoch flog, konnte man auch die strahlenden farbigen Lichtreklamen wahrnehmen.

Eines Abends war Gittas Clipper in München aufgestiegen. Neben der Betreuung der Fluggäste fand sie für Augenblicke die Zeit, die Lichterpracht der Großstadt zu bewundern. Das Flugzeug nahm Kurs auf Stuttgart.

Die Nacht war dunkel. Nur matt glänzten die oberbayerischen Seen, die passiert wurden, aus der Tiefe.

Gitta richtete in der Küche Erfrischungen für Reisende her und schaute wieder einmal aus dem Fenster. Dunkelheit lag über der Erde. Vielleicht flog man gerade über einem ausgedehnten Wald. Die Donau konnte nicht mehr fern sein.

Da sah Gitta plötzlich in der Tiefe ein unruhig loderndes Licht. Es konnte unmöglich von einer Laterne oder einer Lampe herrühren. Offenbar brannte dort ein großes offenes Feuer. Über dem Ruhrgebiet hatte Gitta die Flammen von Hochöfen gesehen; dies Feuer dort unten hatte einen weit größeren Umfang.

Brannte ein Dorf? Ein Wald? Ein großes Gebäude?

Waren Menschen bedroht?

Gitta nahm den Hörer des Bordtelefons hoch und rief den Flugkapitän an. Als dieser sich gemeldet hatte, machte sie ihn auf die Flammen aufmerksam.

Er schaute in die Tiefe.

„Dort unten tobt ein Brand von bedeutendem Ausmaß!"

„Könnte das nicht vielleicht ein Waldbrand sein, der von den Bewohnern der Umgebung noch nicht bemerkt worden ist?"

„Das wäre möglich. Wir hatten lange trockenes Wetter."

„Müßte man nicht etwas zur Warnung unternehmen?"

„Im allgemeinen darf ich es nicht auf eine Verspätung ankommen lassen. In diesem Fall wird ein näheres Zusehen aber gerechtfertigt sein."

Gitta bat Ursula, in der Küche zu bleiben und weiter zu beobachten. Sie selbst machte Milch für die Männer der Besatzung fertig und trug sie nach der Führerkanzel.

Die Herren dankten und tranken, ohne sich dabei von ihren Aufgaben ablenken zu lassen.

Der Pilot kehrte um und zog im Tiefergehen Schleifen um das Feuer. Je mehr sich das Flugzeug dem Boden näherte, desto besser war die Größe des Feuers wahrzunehmen.

„Kein Zweifel, da steht Wald in Flammen", sagte der Flugkapitän. „Ich will versuchen zu erkennen, ob man dort unten bereits davon weiß, und auf alle Fälle ordentlich Krach machen."

Gitta kehrte in die Kabine der Fluggäste zurück. Dort hatte man bemerkt, daß das Flugzeug tiefer ging und Kreise zog. Mehrere Reisende erkundigten sich, ob etwas Außergewöhnliches los sei.

Gitta beruhigte, das Flugzeug sei nicht in Gefahr, und berichtete, worum es sich handelte.

Eifrig schauten die Fluggäste nun zu den Fenstern hinaus und beobachteten den Waldbrand und den Flug der Maschine.

Diese zog jetzt in geringer Höhe über der Erde Kreise. Bisher war über die Umgebung des Brandes Dunkelheit gebreitet gewesen. Das Dröhnen der Motoren hatte die Bewohner eines großen Gebäudes geweckt, das sich in einiger Entfernung erhob. Vielleicht war es ein Schloß, ein Hotel oder ein Sanatorium.

Lichter flammten auf, und bald konnte man mehrere Fensterreihen erkennen.

„Ob die Leute wohl gemerkt haben, warum sie von uns in ihrer Nachtruhe gestört wurden?" fragte ein älterer Fluggast.

Eine Dame, die einen guten Platz hatte, antwortete aufgeregt:

„Ohne Zweifel! Schauen Sie, dort bewegen sich Laternen in der Richtung des Waldbrandes!"

Gitta konnte erkennen, daß nun auch weitere Häuser in der

Umgebung der Brandstelle beleuchtet wurden. Der Flammenschein mußte auch deren Bewohnern bald auffallen, und sie konnten dann die Bedeutung der Warnung des Flugzeugs mit Brausen und Dröhnen erfassen.

Gitta atmete erleichtert auf, als das Flugzeug größere Höhe aufsuchte und den Weg fortsetzte.

Bald darauf rief sie Flugkapitän Schaller telefonisch in der Küche an und teilte ihr mit, es sei anzunehmen, daß die Bewohner der Gegend auf den Waldbrand aufmerksam geworden wären. Er habe per Funk nach Stuttgart und München berichtet, damit von dort aus die Feuerwehren der nächsten Städte und Ortschaften alarmiert würden für den Fall, daß dies von der Umgebung des Brandes aus nicht möglich sei.

Eine Weile später landete der Clipper in Stuttgart. Hier erfuhr die Besatzung, daß der brennende Wald zu dem Besitztum des Grafen Haller gehörte, dessen Schloß man aus der Luft beleuchtet gesehen hatte. Alles, was zur Bekämpfung des Waldbrandes hätte veranlaßt werden können, sei geschehen.

Nach kurzem Aufenthalt setzte die Maschine den Flug nach dem Rhein-Main-Flughafen fort. Gitta wurde wieder von ihren vielen Pflichten in Anspruch genommen. Zwischendurch plauderte sie mit Ursula. Dann schaute sie nach dem Kennfeuer des Frankfurter Flugplatzes und nach dem Widerschein der Lichter der Großstadt aus und konnte diese endlich aus der Ferne wahrnehmen.

Wie ein Leuchtturm sandte das wohlbekannte Feuer eine Kennung von miteinander abwechselnden grünen und weißen Lichtblitzen von hunderttausend Kerzen Lichtstärke aus, welche die Lage des Flugzlatzes auf große Entfernung anzeigte.

Beim Näherkommen sah Gitta auch die Abflugbefeuerung, die den Piloten zu dem Flugsteig hinleitete und nachts das Ansetzen zur Landung wesentlich erleichterte.

Gitta wußte, daß sich nun der Pilot mit der im Kontrollturm arbeitenden Leitung des Flugplatzbetriebes durch Sprechfunk verständigte. Im Gleitflug ging der Clipper im Anflugsektor tiefer und setzte dann sanft auf dem Flugsteig auf. Über die Rollbahn, die durch blaue und gelbe Lichter gekennzeichnet war, dirigierte der Pilot die Maschine nach dem Abstellplatz.

Das Vorfeld war so zweckmäßig beleuchtet, daß die Piloten anfliegender Flugzeuge nicht geblendet wurden und der Flugbetrieb auch bei Nacht störungslos ablaufen konnte.

Gitta und Ursula betreuten die Fluggäste beim Verlassen des Flugzeugs und konnten nach Übergabe der Speisebehälter an das Bodenpersonal ihren Dienst als beendigt ansehen.

Sie verließen den Flugplatz und fuhren heim. Herzhaft müde legte sich Gitta nieder.

Morgens weckte Alma Gitta zeitig.

„Hallo, Gitta, wach auf! Du stehst in der Zeitung!"

Schlaftrunken öffnete Gitta die Augen. Was war los? Was rief Alma?

Sie hörte die Pflegemutter vorwurfsvoll sagen:

„Aber Alma! Laß Gitta doch schlafen. Sie kam erst spät vom Dienst. Das kannst du ihr auch später sagen!"

„Aber dann werde ich doch im Büro sein, Muttchen!"

Gitta gähnte und reckte sich.

„Was ist denn los?"

Alma schwenkte ein Zeitungsblatt und reichte es Gitta. Da stand wahrhaftig ein Bericht über den Waldbrand auf dem Grundbesitz des schwäbischen Grafen Haller. Schreckliche Folgen hätte der Brand haben können, wenn seine weitere Ausdehnung und die Bedrohung des Schlosses und der umliegenden Bauernhöfe nicht dadurch verhindert worden wären, daß die Besatzung des planmäßigen Flugzeugs der Deutschen Lufthansa die Leute durch mehrmaliges niedriges Überfliegen gewarnt hätte. Das Hauptverdienst habe die Luftbegleiterin Gitta Renson, die den Brand bemerkt und den Piloten darauf aufmerksam gemacht habe.

Gitta staunte.

„Das ist aber schnell bekannt geworden. Die Presse ist auf der Höhe, das muß man sagen!"

Voller Bewunderung rief Alma:

„Jetzt bist du sogar berühmt geworden!"

„Morgen schon wird sich die allgemeine Aufmerksamkeit auf andere Leute und andere Geschehnisse richten!"

Alma schüttelte verständnislos den Kopf.

„Wie kann man nur so gleichgültig sein!"

Gitta streckte sich und gähnte.

„Ich bin ja noch so müde! Kann ich nicht noch ein Stündchen schlafen?"

Frau Markloff bestätigte mütterlich:

„Selbstverständlich, Kind!"

Sie wandte sich an Alma:

„Komm, wir wollen Gitta noch ein bißchen ruhen lassen!"

Alma seufzte:

„Deine Nerven möchte ich haben, Gitta!"

Eine Weile später erschien eine elegant gekleidete Dame mit sicherem Auftreten und sagte zu Frau Markloff:

„Ich bin die Reporterin Elena Schriller von der Rundschau und möchte gern Fräulein Renson sprechen!"

„Meine Tochter kam erst spät von anstrengendem Dienst nach Hause und schläft noch. Könnten Sie nicht gegen Mittag noch einmal vorsprechen?"

Fräulein Schriller wehrte mit lebhaften Gebärden ab:

„Ausgeschlossen, ganz ausgeschlossen, gnädige Frau! Wer weiß, wer mir inzwischen vielleicht zuvorkäme! Ich möchte Fräulein Renson interviewen und Lichtbilder von ihr machen. Natürlich dürfte sie dann keiner anderen Zeitung als der von mir vertretenen das Recht zur Veröffentlichung überlassen!"

Etwas betroffen bat Frau Markloff die junge Dame, einzutreten und im Wohnzimmer Platz zu nehmen.

Sie weckte Gitta und unterrichtete sie.

Diese staunte:

„Nanu, so groß ist mein Verdienst doch wirklich nicht!"

„Es ist der Beruf der Dame, außergewöhnliche Geschehnisse aufzuspüren und den Zeitungslesern darüber zu berichten, und zwar der größeren Anschaulichkeit wegen möglichst mit Bildern."

„Ei, das wäre also ein Interview!"

„Gewiß, Gitta. Darauf kannst du stolz sein!"

„Bitte die Dame, sich etwas zu gedulden. So kann ich sie ja nicht empfangen."

Seufzend stand sie auf und machte Toilette. Belustigt lächelte sie sich dabei im Spiegel zu. Sie hob den Finger und drohte sich selbst.

„Gitta, was war schon dabei? Werde nicht eitel!“

Plötzlich kamen ihr Gedanken, die sie stark bewegten. Ja, was war schon dabei? Und dann: was die Besucherin vorhatte, lief auf ein Ausfragen hinaus. Stand aber nicht in ihrem Anstellungsvertrag, daß den Luftbegleiterinnen Presseinterviews nur mit Genehmigung der Gesellschaft erlaubt waren?

Hm, es war bestimmt nicht gut, sich überrumpeln zu lassen. Wie leicht konnte es auch Mißverständnisse geben!

Gitta kleidete sich fertig an und begab sich in das Wohnzimmer. Dort wurde sie von Fräulein Schriller begeistert begrüßt und zu ihrer großartigen Leistung beglückwünscht.

Die Besucherin zückte ihren Pressefotoapparat und richtete ihn auf Gitta. Ein weniger gewandtes Mädel wäre von der Beredsamkeit und der Sicherheit des Auftretens der Besucherin wohl überspielt worden, aber Gitta hatte es schon mit so vielen Menschen verschiedener Wesensarten zu tun gehabt, daß sie die Fassung behielt.

„Was haben Sie denn da vor?“ fragte sie gelassen.

„Ich möchte einige Bilder von Ihnen aufnehmen und die geeigneten zur Illustrierung meines Artikels über Sie verwenden. Stellen Sie sich vor: so jung, und schon so berühmt!“

„Sachte, sachte, mein Fräulein! Ich finde, daß man nicht von einer Leistung reden kann und daß mein Anteil an diesen Geschehnissen nicht der Erwähnung wert ist.“ „Aber, aber ... !“ begehrte die Reporterin auf. „Sie sehen das alles ja ganz falsch!“

Gitta hob beschwichtigend die Rechte.

„Ich sah den Brand und machte den Flugkapitän darauf aufmerksam. Das war alles, was ich tat. Wenn jemand öffentlich gelobt zu werden verdient, dann ist es der Pilot. Wie der Kapitän die Verantwortung für alles hat, was während der Reise an Bord seines Schiffes passiert, so trägt der Flugzeugführer die Verantwortung für all das, was während eines Fluges geschieht. Ich hatte keinerlei Entscheidung zu treffen, wohl aber er. Er wagte ein verspätetes Eintreffen des Flugzeugs und auch sonst noch einiges, denn er mußte, um mit dem Erzeugen von Warngeräuschen Erfolg zu haben, ziemlich tief heruntergehen. In der Nacht war die Steuerung also nicht leicht."

Die Reporterin nickte zustimmend.

„Wie heißt der Flugkapitän? Ich werde ihn aufsuchen und meinen Bericht auf ihn ausdehnen. Sie haben recht, er hat das verdient!"

„Wissen Sie denn, ob ihm das angenehm ist?"

Die Besucherin blickte Gitta betroffen an und wußte zunächst nichts zu sagen.

Gitta nickte entschieden.

„Ich darf Sie bitten, einstweilen keine Aufnahmen von mir zu machen und auch von Ihrem Besuch nichts in der Zeitung zu erwähnen."

„Aber warum denn nicht, Fräulein Renson?! Ich will Sie doch bekannt machen!" rief die Besucherin voller Staunen und Verständnislosigkeit aus.

„Ich lege keinen Wert darauf, denn was ich getan habe, tat ich ja keinesfalls, um Beifall zu erringen oder um in den Mittelpunkt des öffentlichen Interesses gerückt zu werden, sondern einfach, weil es darauf ankam, die Folgen eines Unglücks nach Möglichkeit einzuschränken."

„Seien Sie doch nicht so bescheiden!" wandte die Reporterin ein wenig gereizt ein. „Alle Achtung vor Ihrer Auffassung, aber Ehre, wem Ehre gebührt!"

„Sachte, sachte!" erwiderte Gitta freundlich, aber wiederum mit Nachdruck. „Packen Sie Ihren Apparat ruhig wieder ein!"

„Ich verstehe Sie nicht! grollte die Reporterin enttäuscht und verdrießlich.

„Was da geschah, hat die Besatzung auf einem Dienstflug erlebt. Über alle besonderen Ereignisse macht der Flugkapitän Aufzeichnungen im Fahrtenbuch. Wenn Sie also etwas wissen möchten, so wenden Sie sich, bitte, an die Leitung der Fluggesellschaft. Das ist der einzig richtige Weg. Gestattet die Direktion ergänzende Mitteilungen, dann werde ich Ihnen gern zur Verfügung stehen."

Da Gitta auch bei weiteren Überredungsversuchen fest blieb, verabschiedete sich die Besucherin. Gitta merkte, daß die Dame recht verstimmt war.

Nun erzählte Gitta Frau Markloff den Verlauf der Unterhaltung, und die Pflegemutter sagte:

„Das stimmt ja, Gitta, daran hatte ich gar nicht gedacht, daß das Bordpersonal Interviews nur mit Genehmigung der Direktion geben darf. Ich verstehe das durchaus, denn schließlich muß die Geschäftsleitung bestimmen, worüber Angestellte in der Öffentlichkeit sprechen können und worüber sie schweigen sollen. Gut, daß du auf der Höhe warst!"

Gitta telefonierte gleich Ursula an und rief ihr zu:

„Ausgeschlafen, Ursula? Ja? Hat man dich schon über das Erlebnis aushorchen wollen? Achtung, wenn eine Reporterin kommt! Denke an die bewußte Bestimmung!"

Mittags trafen sich die beiden Mädchen und fuhren zusammen zum Flughafen. Flugkapitän Schaller und die anderen Herren begrüßten Gitta und Ursula kameradschaftlich herzlich. Der Flugzeugführer sagte ihnen, daß die Besatzung Weisung habe, sich vor dem heutigen Start bei der Direktion einzufinden.

Als Gitta fragte, was los sei, zwinkerte er ihr vergnügt zu und zuckte mit den Schultern.

Gemeinsam begab man sich zum Büro der Betriebsleitung. Alle wurden in das Direktorenzimmer gebeten. Hier empfing sie der Personalchef und sprach ihnen die Anerkennung und den Dank der Gesellschaft aus. Er lobte die vorzügliche Zusammenarbeit der Besatzung und deren strenges Pflichtbewußtsein. Besonders verwies er auf Gittas Aufmerksamkeit und auf die Tüchtigkeit des Flugkapitäns. Schließlich lächelte er Gitta zu.

„Es erfüllt mich auch mit besonderer Freude, daß sich niemand von Ihnen in den Vordergrund schieben ließ, sondern daß Sie alle auf die Zusammenarbeit der Besatzung verwiesen. Die Gesellschaft hat nichts dagegen, daß die Presse einen zusammenfassenden Bericht mit einem Gruppenbild von Ihnen allen bringt. Die Reporterin wartet bereits."

Der Direktor sprach telefonisch mit seiner Sekretärin. Diese erschien alsbald mit der Berichterstatterin, die Gitta am Vormittag aufgesucht hatte. Sie begrüßte die Besatzungsmitglieder. Als sie Gitta die Hand reichte, sagte diese:

„Na, ist es so nicht viel netter, Fräulein Schriller? Nun werden wir alle auf das Bild kommen."

Die Reporterin lächelte etwas gezwungen Zustimmung und folgte dann dem Flugkapitän und den Besatzungsangehörigen an das Flugzeug. Nebeneinander nahmen Gitta, Ursula und die Herren der Besatzung unter der „Convair" Aufstellung, und dann machte die Berichterstatterin mehrere Aufnahmen.

Die Dame bedankte und verabschiedete sich schließlich. Am nächsten Tag konnte Gitta den ausführlichen Bericht und das Bild in der Zeitung sehen. Nun war sie doch ein wenig stolz. Sie kaufte sich mehrere Nummern. Belustigt nahm sie die Glückwünsche ihrer Angehörigen, Bekannten und Kolleginnen entgegen.

Alma schnitt das Bild aus, brachte es in einem Rahmen unter und hängte es im gemeinsamen Zimmer auf.

Einige Tage später traf bei der Fluggesellschaft ein Brief ein, in dem sich Graf Haller herzlich für die ungewöhnliche und erfolgreiche Warnung bedankte. Er lud die Besatzungsmitglieder ein, ihren nächsten Erholungsurlaub als seine Gäste in dem geretteten Schloß zu verbringen.

Die Gesellschaft hatte nichts gegen die Annahme der Einladung einzuwenden, und Flugkapitän Schaller äußerte:

„Wir wollen sehen, wie es mit der Zeit und den anderen Umständen klappen wird."

Als Gitta zu Hause von der Einladung erzählte, bemerkte Bodo belustigt:

„Hm, das ließe ich mir nicht entgehen, Gitta. Mit feinen Leuten umzugehen hast du ja gelernt."

Alma fügte hinzu:

„In diesem Fall würde ich gern in deiner Haut stecken, Gitta. Huch nein, muß das schön sein, durch so ein altes Schloß mit Türmen, Altanen, Burgverliesen, Ahnengalerie, Ritterrüstungen und womöglich auch Hausgespenstern zu wandeln!"

Bodo scherzte:

„Schade, daß du dann nicht ein Hausgespenst zu einem Flug einladen kannst. Wie müßte wohl dem Geist eines uralten Ritters bei einer Luftreise zumute sein?"

Gitta lachte vergnügt.

Der Mann mit dem Fallschirm

Wie sie es gewöhnt war, empfing Gitta eines Tages die Fluggäste an der Tür des Flugzeugs. Damen und Herren verschiedenen Alters stiegen ein. Geschäftsleute und Künstler mochten darunter sein, Persönlichkeiten des öffentlichen Lebens und wohl auch Sportsleute. Alle waren gut gekleidet.

Plötzlich stutzte Gitta, denn ein Mann in mittleren Jahren kam die Treppe heraufgestiegen, der äußerlich nicht in den üblichen Rahmen paßte, denn er trug eine Fliegerkombination und hatte einen Fallschirm umgeschnallt. Einen ledernen Sturzhelm trug er unter dem Arm.

Gitta ließ sich ihre Verwunderung nicht anmerken und prüfte forschend das Gesicht des Mannes. Dieser war glatt rasiert, trug das Haar kurz und machte den Eindruck, als strebe er mit einer gewissen verbissenen Entschlossenheit ein Ziel an.

Als er an Gitta vorbeiging, lächelte er gezwungen.

„Sie wundern sich, mein Fräulein? Sie werden sich denken können, daß ich ein alter Flieger bin. Ich reise noch immer gern durch die Luft, aber von meinem letzten Absturz her, den ich nur mit sehr viel Glück überlebte, habe ich starke Hemmungen. Ich denke oft, in jedem Augenblick müsse das Flugzeug hinab in die Tiefe sausen. Trage ich meine Kombination und den Fallschirm, dann tritt dies unangenehme Schwächegefühl nicht auf, weil ich mich sicher fühle. Nehmen Sie also von meinem Äußeren, das allerdings auffällig sein mag, bitte weiter keine Kenntnis!"

Gitta nickte in ihrer gewohnt freundlichen Weise und wünschte dem Mann einen guten Flug.

Der Fremde setzte sich und nahm die Unbequemlichkeit,

die der zusammengefaltete große Fallschirm verursachte, in Kauf.

Als Gitta ihn so sitzen sah, dachte sie: für den Fall einer Katastrophe will er in der Nähe der Tür sein, um möglichst schnell abspringen zu können. Was sollte schon passieren? Wie oft war sie nicht bereits geflogen, und noch nie war ein Unglück geschehen!

Das Flugzeug startete und strebte mit mehr als vierhundert Kilometer Reisegeschwindigkeit in der Stunde in der vorgesehenen Höhe seinem Ziele zu.

Gitta erfüllte ihre Berufspflichten und ging dabei immer wieder zwischen den Sitzen entlang. Jedesmal zog der Flieger mit dem Fallschirm ihre Aufmerksamkeit auf sich.

Sollte der Reisende geistig nicht ganz in Ordnung sein? durchfuhr es Gitta. Er wird doch keine Torheit begehen wollen, die ihn das Leben kosten könnte?

Gitta ging in die Küche, rief den Flugkapitän telefonisch an und berichtete ihm von ihrer Besorgnis.

Der Pilot dankte für den Hinweis und fuhr fort:

„Eine heikle Geschichte ist das. Ist der Fluggast lediglich ängstlich und sonst harmlos, dann würden wir ihn mit einem Eingreifen verärgern, hat er aber etwas Abenteuerliches vor, dann sind wir verpflichtet, ihn daran zu hindern. Ich werde die Steuerung abgeben und einen Rundgang machen. Dabei werde ich die Fluggäste begrüßen und hoffe, im entscheidenden Augenblick in der Nähe sein zu können."

Gitta brachte einem Fluggast neue Zeitungen. Als sie an dem Mann mit dem Fallschirm vorbeikam und dessen gespanntes Gesicht sah, empfand sie geradezu, daß er etwas Außergewöhnliches vorhatte. Sie atmete daher insgeheim erleichtert auf, als sie sah, daß Flugkapitän Schaller die Kanzel verlassen hatte und langsam den Gang entlangkam, wobei er mit diesem und jenem Reisenden freundliche Worte wechselte.

Sie bemerkte, daß der Beobachtete durch die Scheiben eines Fensters das Gelände betrachtete. Unten dehnten sich Felder und Wiesen aus. In der Ferne glänzte ein See. Bald mußte ein Städtchen erreicht worden sein.

Der Mann wandte den Kopf und richtete den Blick prüfend

auf den Flugkapitän, der sich mit einem Reisenden unterhielt. Das Gesicht des Fallschirmträgers verriet nun Verdrießlichkeit. Offensichtlich war es ihm gar nicht recht, daß der Pilot gerade über diesem Gelände in der Nähe war.

Die Blicke des Mannes glitten noch einmal in die Tiefe und dann nach der Tür. Plötzlich sprang er mit einigen Sätzen darauf zu.

Gitta stand nicht weit entfernt, erkannte die Absicht des Mannes, abzuspringen, und trat ihm in den Weg.

Der Reisende schob Gitta zur Seite und riß und rüttelte an dem automatischen Türverschluß, es gelang ihm aber nicht, diesen zu öffnen.

„Aber, mein Herr, Sie können doch hier nicht aussteigen!"

Der Fremde verstärkte seine Bemühungen.

„Doch, doch, das kann ich und das werde ich! Warum geht diese verflixte Tür denn nicht auf?!"

„Geben Sie sich keine Mühe, sie ist blockiert!"

„Ich werde sie aufkriegen und abspringen!"

Da hatte Gitta einen Einfall.

„Dann sollten Sie aber erst noch einmal Ihren Fallschirm prüfen. Die Gurte sind nicht in Ordnung. Wollen Sie sich alle Knochen im Leibe brechen?!"

Der Mann schrak zusammen, ließ von der Tür ab, drehte sich um und starrte Gitta entgeistert an.

Da hatte der Flugkapitän den Weg zurückgelegt und trat herzu. Er hatte Gittas Äußerung gehört und deren Absicht, den Mann aus der Fassung zu bringen, begriffen.

Forschend ließ er die Blicke über das Gesicht des Reisenden gleiten, der nun enttäuscht zu Boden blickte. Der Flugkapitän fragte:

„Wollen Sie mir nicht Ihr ungewöhnliches Benehmen erklären, mein Herr?"

Der Fluggast zuckte mit den Schultern und murrte:

„Ich wollte allerdings gerade hier aussteigen und bedaure, daß es nicht gelang."

„Wir reisen nicht mit einem Eisenbahnzug, und hier ist keine Station. Sie hätten sich und auch die anderen Fluggäste in die größte Gefahr bringen können!"

Der Fremde machte mit der Hand eine Gebärde der Geringschätzung.

„Mir wäre bestimmt nichts passiert. Im Kriege war ich Fallschirmjäger. Ich bin meiner Sache sicher."

„Und welchen Sinn sollte der Absprung haben?"

„Ich bin Artist. Seit längerer Zeit konnte ich kein Engagement mehr erhalten. Daher wollte ich mit diesem Sprung die Aufmerksamkeit der Öffentlichkeit erregen. Ich hoffte, dadurch auch in Berufskreisen aufzufallen und endlich wieder einen Vertrag zu erhalten."

Der Flugkapitän nickte gemessen.

„Wenn Sie aus Privatflugzeugen abspringen wollen, so ist das Ihre eigene Angelegenheit, wenn Sie aber das Flugzeug einer Luftfahrtgesellschaft während eines Verkehrsfluges verlassen wollen, so verletzen Sie damit fremde Rechte und gefährden sich, die Mitreisenden und das Flugzeug. Ich muß Sie ersuchen, weitere Versuche dieser Art zu unterlassen! Bitte, legen Sie den Fallschirm ab!" Der Artist schlug mit der Faust gegen die Tür und grollte:

„Hätte ich sie aufgekriegt, dann wäre ich jetzt längst unten!"

Der Flugkapitän lächelte Gitta zu. Sie las darin die Anerkennung dafür, daß sie das Vorhaben des Mannes mit dem Fallschirm durchkreuzt hatte.

Mißmutig befreite sich der Artist von den Gurten des Fallschirms. Der Flugkapitän nahm diesen an sich.

„Nach der Landung werden Sie ihn zurückerhalten. Sie müssen sich selbstverständlich zu einer Vernehmung durch die Luftverkehrspolizei zur Verfügung halten!"

Das Gesicht des Artisten, das eben noch seine ganze Enttäuschung und Verärgerung gespiegelt hatte, hellte sich auf.

„Das ist mir ganz recht. Hoffentlich wird man mein Vorhaben unter Nennung meines Namens in recht auffälliger Weise in der Presse behandeln. Dann komme ich vielleicht auch ohne den Sprung zu meinem Ziel! ... Beunruhigen Sie sich weiter nicht, meine Herrschaften! Ich werde während des Fluges nichts mehr unternehmen und Ihnen auch nach der

Landung keine Schwierigkeiten bereiten, denn das ginge ja gegen mein Interesse."

Kühl antwortete der Flugkapitän:

„Ich nehme von diesem Versprechen Kenntnis, mein Herr. Bitte, nehmen Sie nun Ihren Platz wieder ein!"

Die Fluggäste hatten während der Auseinandersetzung die Hälse gereckt und einander das zugeflüstert, was sie verstanden hatten. Nun fragten sie den Flugzeugführer und Gitta voll Spannung, was denn los gewesen sei.

Beide berichteten von dem Versuch des Artisten, Aufsehen zu erregen, um einen Broterwerb zu finden.

Ein älterer Reisender mit glatt rasiertem Gesicht und Augen, die klug durch Brillengläser leuchteten, ließ sich von Gitta eingehend berichten. Endlich bemerkte er:

„Ich bin Inhaber einer Artistenagentur und kann dem Mann vielleicht zu einem Engagement verhelfen. Bitte, geben Sie ihm diese meine Karte! Ich werde im Flughafenrestaurant auf ihn warten, bis er die Vernehmung hinter sich hat."

Gitta führte den Auftrag gern aus. Als sie sah, wie sich das Gesicht des Artisten vor Freude und Hoffnung aufhellte, dachte sie: wie seltsam spielt doch manchmal das Schicksal!

Eine Weile später brachte sie den Männern der Besatzung Erfrischungen in die Bordkanzel. Als sie dem Flugkapitän ein Glas eisgekühlte Milch reichte, hellten sich dessen ernste Mienen, auf denen meist der Ausdruck wacher Konzentration lag, auf. Er drückte Gitta die Hand.

„Gut gemacht, Fräulein Renson! Dies Zwischenspiel muß ich natürlich im Fahrtenbuch protokollieren. Ich denke, daß Ihnen die Angelegenheit ein Lob einbringen wird."

Gitta errötete.

„Auf was man nicht alles gefaßt sein muß!"

Auch die anderen Herren sprachen Gitta ihre Anerkennung aus. Am folgenden Tag wurde sie zur Direktion gebeten. Der Personalchef teilte ihr mit, daß man mit ihrer Umsicht und ihren Leistungen sehr zufrieden sei und ihr Gehalt erhöht habe.

Vergnügt berichtete Gitta zu Hause davon. Man gratulierte allgemein.

Bodo erzählte im Ton der Anerkennung:

„Die Zeitungen beschäftigen sich eingehend mit dies Sensation. Ich habe dir einige mitgebracht."

Alma seufzte:

„Wie ungleich verteilt doch die Glücksgöttin ihre Gaben!

Hintergründig scherzte Bodo:

„In Vaters Büro wird es allerdings kaum vorkommer daß ein stellungsloser Artist mit dem Fallschirm aus tausen Meter Höhe abspringen will!"

Die ritterliche Fußballmeistermannschaft

Es war ein Freitag, als auf dem Rhein-Main-Flughafen junge Männer die Landetreppen hinaufstiegen, die sich kameradschaftlich miteinander unterhielten. Den Gesichtern der gutgewachsenen Leute sah man die Unternehmungslust und das Zielbewußtsein an. Aus der Liste der Fluggäste hatte Gitta entnehmen können, daß es sich um die Spieler eines Fußballvereins und um deren Betreuer handelte.

Gitta dankte den Männern für ihre Grüße und zeigte ihnen ihre Plätze.

Ihre scharmante Art gefiel den Fußballern. Sie lächelten und machten ihr den Hof, und es wäre ihnen am liebsten gewesen, wenn sie sich dauernd im Gang zwischen ihren Sitzen aufgehalten hätte. Das ging natürlich aber nicht, denn es stiegen ja noch zahlreiche weitere Fluggäste zu, und eins der obersten Gebote für die Luftbegleiterin war, daß kein Reisender bevorzugt werden dürfe.

Der Mannschaftskapitän, ein hochgewachsener Mann mit blonden Haaren und angenehmen Gesichtszügen, sagte:

„Haben wir Dusel! So gut ist es uns noch nie ergangen. Das war ein gescheiter Gedanke, die Reise mit dem Flugzeug zu machen. Beim Fahren mit der Bahn wären wir recht angestrengt worden, wir hätten viel mehr Zeit gebraucht und wären vor allem nicht in so reizender Weise betreut worden."

„Ja, das Fliegen hat seine Vorteile", bestätigte Gitta.

Ein anderer Spieler fragte:

„Wie ist das, Fräulein Luftbegleiterin, werden Sie sich den Meisterschaftskampf am Sonntag anschauen?"

Gitta zuckte unter Lächeln die Schultern und bedauerte: „Leider wird mir das nicht möglich sein."

Ein dritter Spieler rief:

„Wie, hunderttausend Zuschauer oder mehr werden kommen, und Sie wollen nicht dabei sein?"

„Es wird einen großartigen Kampf geben!" bekräftigte ein weiterer Spieler.

„Ich käme ja gern", erwiderte Gitta, „aber ich werde Dienst haben. Auch sonntags wollen bekanntlich viele Leute fliegen."

Heiter äußerte der Mannschaftskapitän:

„Lassen Sie sich doch vertreten, oder tauschen Sie mit einer Kollegin! Im allgemeinen werden die Eintrittskarten ausverkauft sein, aber wir werden schon noch eine für Sie auftreiben."

„Recht herzlichen Dank, meine Herren, doch meinen Dienst muß ich selbst versehen. Schade, aber vielleicht ein andermal!"

„Haben Sie schon davon gehört, daß viele Fußballspieler abergläubisch sind?" erwiderte der blonde Kapitän.

„Allerdings. Manche Mannschaften haben Glücksbringer, nicht wahr?"

„Wir alle sehen es als gutes Vorzeichen an, daß Sie uns so reizend betreuen!"

Ein Kamerad scherzte:

„Darum geht es unserem Kapitän nicht allein. Wir reisen ja öfter, wenn auch nicht immer so weit und nicht jedesmal mit dem Flugzeug. Dabei sehen wir manches nette Mädel. Dafür schwärmt dann vielleicht die eine Hälfte von uns, und die andere meint, es gäbe noch verehrungswürdigere junge Damen. Heute aber hat, siehe da, der Kapitän bei der gesamten Mannschaft völlige Übereinstimmung festgestellt. Ist das bei so vielen Männern nicht eine Sensation?"

„Was also kann verständlicher sein", ergriff der Kapitän wieder fröhlich das Wort, „als daß wir wünschen, daß Sie als eine Art guter Geist Ihrer engeren Landsleute dem Meisterschaftskampf beiwohnen und damit helfen, unseren Sieg zu sichern?"

Heiter entgegnete Gitta:

„Das ist ein reizendes Kompliment, für das ich Ihnen danke. Ich glaube aber, daß Sie sich lieber auf Ihre Übung, Ihre Erfahrung und Ihren Siegeswillen verlassen sollten. Wenn ich zuschauen könnte und Sie siegten, so hätten Sie Ihren Erfolg bestimmt Ihrer Tüchtigkeit und Gewandtheit, aber nicht meiner Anwesenheit zu verdanken. An einen ursächlichen Zusammenhang zwischen meiner Anwesenheit und Ihrem Sieg könnte ich nicht glauben."

Die Männer protestierten fröhlich, und der Kapitän antwortete:

„Training, Können und Kampfwillen entscheiden zwar, aber die gute Zuversicht ist auch viel wert!"

„Na, dann wünsche ich Ihnen auch diese!" bestätigte Gitta fröhlich.

Nach der Landung bedankten sich die Männer herzlich für die Betreuung. Dabei äußerte der Kapitän:

„Wie ich sehe, tragen unsere Rückflugscheine dieselbe Flugzeugnummer. Auf Wiedersehen also am Montag!"

„Auf Wiedersehen!" dankte Gitta. „Und viel Glück! Oder sagt man ‚guten Sport'? . . . !"

Die Fußballspieler dankten und lachten vergnügt.

Am Sonntagabend erkundigte sich Gitta, wie das Meisterschaftsspiel ausgegangen sei. Sie hatte durchaus nichts gegen den Hamburger Verein, es freute sie aber doch, als sie hörte, daß die Landsleute gesiegt hatten.

Am Montagmittag kamen diese an Bord, um den Heimflug anzutreten. Fröhlich begrüßten die jungen Männer Gitta. Der Mannschaftskapitän überreichte ihr einen Blumenstrauß und betonte in einer Ansprache, die so kurz wie humorvoll war, die gute Zuversicht habe sicherlich zum Sieg beigetragen.

Gitta dankte und gratulierte.

Auf dem Rückflug waren die Spieler nicht so heiteranspruchsvoll wie vor einigen Tagen, denn sie sahen, wie sehr Gitta beschäftigt war, aber jedesmal, wenn sie auf dem Gang vorbeischritt, klangen Scherze auf.

Als die jungen Männer ausstiegen, bedankten sie sich nochmals für die Betreuung und verehrten Gitta ein Blatt, auf das jeder ein Verschen oder einen guten Wunsch und seinen Namen geschrieben hatte.

Ein seltsamer Blumenstrauß

Eine Zeitlang später übernahm Gitta in München-Riem unter anderem Eilfrachtgut einen Metallbehälter, der laut Begleitpapieren für einen in Hamburg wohnenden Kaufmann bestimmt war. Es waren aber viel zu zahlreiche Stücke Frachtgut, als daß sie alle beim Einladen hätte genau anschauen können.

Als das Flugzeug gestartet war und Gitta die Begleitpapiere eingehender durchsah, erkannte sie, daß der Metallbehälter Blumen enthielt. Sie kamen aus Johannesburg in Südafrika.

Gitta erinnerte sich des Blumenstraußes, den die Tennismeisterin vor längerer Zeit aus Australien erhalten hatte, und dachte, daß die Übersendung der eingeeisten Blumen aus Johannesburg wohl einen ähnlichen Grund habe.

Sie überlegte: es wird wohl gut sein, den Behälter gleich in die Kühlanlage zu stellen, damit das Eis nicht womöglich schmilzt. Es wäre schade, wenn der Empfänger um seine Freude käme.

Als sie sich den Metallbehälter näher ansah, erkannte sie, daß er undicht war und daß Wasser daraus tropfte. Aha, es ist unterwegs schon passiert! dachte sie bestürzt. Das Eis ist mürbe geworden oder gar geschmolzen. O je, o je! Das muß gleich protokolliert werden, damit feststeht, daß das Unglück nicht bei uns passiert ist!

Gitta rief den Flugkapitän telefonisch an und berichtete ihm, daß die Sendung, die sie eingehend bezeichnete, nicht in Ordnung sei. Der Flugzeugführer bat sie um genauere Angaben, damit er diese in das Fahrtenbuch eintragen könne.

Bekümmert sah sich Gitta den Behälter näher an, und nun erkannte sie, daß der Verschluß nicht fest saß. Vielleicht war er schon bei der Absendung nicht genau angebracht worden, vielleicht hatte er sich auch unterwegs infolge von Erschütterungen gelockert, vielleicht hatte auch jemand den Behälter fallen lassen.

Gitta versuchte, den Verschluß zuzudrücken. Dabei sprang er völlig auf.

Möglicherweise ist noch etwas zu retten? überlegte Gitta. Sie trug den Behälter in die Küche und bat Ursula, als Zeugin zu fungieren.

Vorsichtig goß Gitta den Rest des geschmolzenen Wassers in eine Schüssel.

„Wie schade! Welch wunderbare Blumen!" bedauerte Ursula. „Ein Sohn schickt sie vielleicht seiner Mutter, ein Mann womöglich seiner Braut? Welch hübscher Gedanke. Und nun verderben die Blumen vielleicht in den letzten Stunden."

„Hoffentlich können wir sie retten, indem wir sie mit dem Behälter in den Kühlraum stellen. Da, gleich wird das Schmelzwasser völlig ausgelaufen sein!

Oh, es haben sich bereits Blätter und Blüten abgelöst, schau, Ursula!"

Voll Bedauern blickten die Mädchen auf die abgefallenen Teile der Blumen.

Bedachtsam setzte Gitta den Behälter ab. Sie und Ursula nahmen die Blätter und Blüten aus dem Wasser und bewunderten deren herrliche Formen und Farben.

Ursula legte die Blätter und Blüten zurück. Gitta wollte ihrem Beispiel folgen, da spürte sie einen Stich im rechten Daumen. Sie schrak zusammen. Was war das? Die Blumen hatten doch gar keine Dornen!

Gitta schaute sich die Blätter und Blüten genauer an und erkannte, daß die Büschel von feinen Drähten zusammengehalten wurden.

„Die Gärtnerei hat, um einen recht prächtigen Blumenstrauß zu bekommen, wohl ein wenig künstlich nachgeholfen. Ich habe mich gestochen. Wohin mögen diese Teile gehören? Mit dem Wiederanbringen werden wir uns nicht befassen können."

„Lege die abgefallenen Blüten einfach dazu", schlug Ursula vor.

Das wollte Gitta tun, aber plötzlich stutzte sie, denn sie sah, daß einige gerollte Blätter nur noch lose an einem Büschel saßen. Die feine Drahtverschnürung hatte sich gelockert. Ein Blatt war verletzt worden. Das Licht fiel auf den Riß und löste darin ein Funkeln aus.

„Nanu?!" staunte Gitta. Vorsichtig faßte sie nach dem glänzenden Ding. Es fiel in ihre Linke und funkelte in herrlichem Glanz.

Entgeistert betrachteten die beiden Mädchen den erregenden Fund.

„Uff!" flüsterte Ursula. „Wache oder träume ich? Kneif mich einmal, Gitta! Das ist doch kein Glas. Das leuchtet ja wie ein Diamant!"

Gitta atmete vor Erregung hörbar auf.

„Vielleicht ist das ein Diamant?! Die Sendung kommt aus Johannesburg. Der Verkehr mit Diamanten ist an mancherlei Vorschriften gebunden. Hoher Zoll lastet auf der Einfuhr."

„Du meinst...?!" hauchte Ursula.

Gitta nickte.

„Ja, ich habe das starke Gefühl, daß uns der Zufall auf die Spur von gesetzwidrigen Handlungen gebracht hat. Herr Schaller wird Augen machen!"

Gitta rief den Flugkapitän telefonisch an und bat ihn, doch einmal in die Küche zu kommen.

Der Pilot übergab die Führung der Maschine seinem Stellvertreter und schlenderte durch den Gang, sagte den Fluggästen guten Tag und beantwortete einige Fragen über die Landschaft, die überflogen wurde, über das Wetter und die Flugdauer, Fragen, wie sie immer wieder an ihn und die Luftbegleiterinnen gerichtet wurden.

Als der Flugkapitän die Küche betreten hatte, fragte er heiter:

„Nun, meine Damen, was verschafft mir die Ehre, Sie hier in Ihrem Reich besuchen zu dürfen?"

Gitta legte dar, wie ihr das Tropfen des Wassers aus dem Behälter aufgefallen war und wie es sich ergeben hatte, daß sich mit einem Male etwas in ihrer Hand befand, was sie glaubte als Diamanten ansehen zu können.

Der Flugkapitän pfiff leise durch die Zähne, nahm dann das Ding auf die Hand und nickte voll Bedacht.

„Alle Umstände lassen darauf schließen, daß Sie mit Ihren Vermutungen recht haben, Fräulein Renson. Bitte, stecken Sie den Stein und diese Blüte in eine Tüte, und den Behälter da wollen wir so, wie er ist, verschließen. Nach der Ankunft auf dem Rhein-Main-Flughafen wollen wir alles mit einem Bericht der Direktion übergeben, die dann wohl das Material an die Kriminalpolizei weiterreichen wird.

Vielleicht finden Sie vor dem Eintreffen die Zeit, den Hergang Ihrer Entdeckung schriftlich festzuhalten?"

Freundlich lächelnd schritt sie dann wieder durch den Gang, erteilte Auskünfte und Ratschläge und erfüllte Bitten. Keiner der Fluggäste konnte ahnen, welch erregende Entdeckung vor kurzem an Bord gemacht worden war.

Nach der Ankunft in Frankfurt am Main trug der Flugkapitän selbst das unauffällige Paket und die dazu gehörigen Versandpapiere zur Direktion. Gitta und Ursula begleiteten ihn.

Von Stuttgart aus hatte der Flugkapitän per Funk um das Erscheinen von Kriminalbeamten gebeten. Die Direktion hatte Nachricht an das Polizeipräsidium gegeben, und zwei Kriminalbeamte waren eingetroffen, um die Angelegenheit zu untersuchen.

Der Flugkapitän sowie Gitta und Ursula erstatteten mündlich Bericht, und dann waren sie Zeugen, wie die Kriminalbeamten sorgfältig den Blumenstrauß aus dem Behälter zogen, die Eisreste auftauten und die Blumen und Blätter auseinander nahmen.

Die Zuschauer staunten mehr und mehr, als sie das Häufchen funkelnder Diamanten immer größer werden sahen, das sich auf einem Tellerchen bildete.

Die Kriminalbeamten nahmen die Brillanten und den eigenartigen Blumenstrauß in Verwahrung und baten die Anwesenden, einstweilen jedermann gegenüber zu schweigen, damit der Absender und der Empfänger nicht vielleicht infolge von Zufällen gewarnt würden.

Gitta verabschiedete sich. Man beglückwünschte sie zu ihrer guten Beobachtungsgabe, dank deren der Diamantenschmuggel aufgedeckt werden konnte.

Auch den Angehörigen gegenüber schwieg Gitta einstweilen. Einige Tage später las sie dann einen Zeitungsbericht, der sie aufs stärkste fesselte. Darin wurde bekanntgemacht, daß eine südafrikanische Diamantenhandelsgesellschaft seit längerer Zeit durch umfangreiche Diebstähle außerordentlich geschädigt worden sei. Obgleich tüchtige Kriminalbeamte und Privatdetektive versucht hätten, den Fall aufzuklären und die verschwundenen Diamanten herbeizuschaffen, sei das Rätsel nicht aufzuklären gewesen. Dank der Aufmerksamkeit einer Luftbegleiterin hätte der Weg, auf dem die Diamanten außer Landes geschafft worden waren, nunmehr festgestellt werden können.

Die Diebe und Schmuggler hätten die Diamanten geschickt in künstliche Blätter eingerollt, diese mit Blumensträußen verbunden, das Ganze eingefroren und die Sendung als unauffälliges Luftfrachtgut an Komplicen geschickt, die in Hamburg und an anderen Orten wohnten. Dank gut funktionierender internationaler Zusammenarbeit sei es der Kriminalpolizei schnell gelungen, das Diebes- und Schmugglernest in Johannesburg auszuheben und die ausländischen Hehler festzunehmen. Die Diamanten, die wieder beigebracht hätten werden können, besäßen einen bedeutenden Wert.

Gitta gab den Bericht den Angehörigen zu lesen und fragte sie, was sie von der Sache hielten.

„Wie raffiniert diese Burschen zu Werke gingen!" staunte der Vater. „Na, nun ist ihnen ja das Handwerk gelegt worden. Ein interessanter Fall ist das!"

„Ein tüchtiges Mädel!" äußerte die Mutter. „Welch seltsame Erlebnisse an die Luftbegleiterinnen herangetragen werden!"

„Hach, wie spannend!" rief Alma. „Wäre ich doch auch Luftstewardeß geworden! In Papas Büro kann man so etwas nicht erleben!"

Bodo neckte brüderlich herzhaft:

„Ach, geh, Alma, du bist doch viel zu moppelig! Du kannst ja zu keinem guten Bissen nein sagen."

Die Schwester warf ihm einen Blick voll Empörung zu und grollte:

„Du brauchst auch noch zu spotten!"

Bodo fuhr fort:

„Ein tüchtiges Mädel, diese Luftbegleiterin! Alle Achtung! Die Diamantengesellschaft wird sich hoffentlich nobel zeigen und dem Mädel eine Belohnung zukommen lassen, die sich sehen lassen kann ... Schade, daß der Name nicht genannt wird!"

„Das kann seinen guten Grund haben", antwortete der Vater. „Vielleicht will die Polizei verhindern, daß der eine oder andere Beteiligte, der noch nicht gefaßt werden konnte, Rache an ihr nimmt."

Bodo nickte verständnisvoll und äußerte mit Nachdruck:

„Diesem Mädel möchte ich meine Hochachtung ausdrücken!"

Gitta hielt ihr Lachen nieder und erwiderte einigermaßen unbefangen:

„Das kannst du durchaus tun, Bruderherz!"

Bodo staunte.

„Ah, du kennst das Mädel!"

Gitta nickte.

„Es sitzt bei dir."

„Gitta ...?! Gitta ...!!" Wie aus einem Munde erschollen die Rufe der Eltern und Geschwister.

Sie sprangen auf, umdrängten Gitta, erfaßten erregt ihre Hände und wollten wissen, wie alles zugegangen war.

„Nachdem die Polizei den Schleier gelüftet hat, darf auch ich sprechen", sagte Gitta und erzählte, wie sich alles abgespielt hatte.

Zum Schluß rief Alma fassungslos:

„Und das erfährt man so beiläufig?!"

„Ich durfte doch bisher nicht reden, Alma", beschwichtigte Gitta.

Wieder seufzte Alma.

„Daß du dich danach richten konntest! Ich hätte das keinen Tag für mich behalten können."

Alle lachten. Bodo bemerkte fröhlich:

„Welch erstaunlicher Grad von Selbsterkenntnis, Alma!"

Bodo sah Gitta an.

„Nun bin ich doch gespannt, ob und wie sich die Diamantengesellschaft erkenntlich zeigen wird."

Gitta schüttelte den Kopf.

„Ich habe doch nur meine Pflicht getan. Dafür bin ich ja da!"

Der Flug nach dem fernen Hafen

Der Alltag forderte wieder sein Recht. Gitta flog mit der Besatzung weiterhin im innerdeutschen Dienst. Aber dann wurde diese eines Abends zur Flugleitung gerufen, und der Betriebsleiter legte dar:

„Sie hätten zweifellos die für Sie vorgesehen gewesene Ruhepause verdient gehabt. Wenn ich Sie wegen der Besprechung einer Sonderaufgabe zu mir bat, so geschah das, weil der Fall außergewöhnlich dringlich ist.

Im Hafen von Palma de Mallorca liegt der Kühldampfer in Palma de Mallorca nicht erhalten konnte und daß mit dem ‚Chronos' der Hamburger Reederei Feldhusen & Borchers. Er kommt mit leichtverderblicher Ladung aus Insulinde. Infolge einer Havarie ist viel Kühlflüssigkeit verlorengegangen. Kapitän Hinrichsen meldet per Funk, daß er den erhofften Ersatz Verderben der ganzen Ladung gerechnet werden müsse, wenn bis morgen abend nicht genug geeignete Kühlflüssigkeit einträfe. Der drohende große Verlust könne die Existenz der Reederei gefährden und viele Menschen um ihre Arbeitsplätze bringen.

Die leitenden Herren der Reederei haben alle Möglichkeiten zur Rettung der Ladung erwogen. Der Ankauf von Kühlflüssigkeit in Barcelona oder Marseille ist in Betracht gezogen worden. Die Überführung würde aber aller Wahrscheinlichkeit nach nicht schnell genug vor sich gehen können.

Ein Beauftragter der Reederei ist daher hierher geflogen und hat die Kühlflüssigkeit gekauft und uns gebeten, sie auf dem Luftweg nach Palma de Mallorca zu befördern. Im Hinblick auf die Dringlichkeit haben wir uns entschlossen, ein Flugzeug zur Verfügung zu stellen.

Nun kommt es darauf an, welche Besatzung den Flug durchführen soll. Sie, Flugkapitän Schaller, kennen die Strecke. Sie sind schon oft über Frankreich und über dem Mittelmeer geflogen. Daher dachte ich, Sie und Ihre Besatzung zuerst fragen zu sollen, ob sie diesen verdienstvollen Flug durchführen wollen."

Der Flugkapitän schaute Gitta und Ursula an und ließ die Blicke dann schnell über die Gesichter der Männer gleiten. In aller Augen las er Zustimmung. Er antwortete daher:

„Wir danken Ihnen für das Vertrauen, das Sie in uns setzen, Herr Direktor! Wann sollen wir starten? Ich denke, daß wir für den Flug nicht länger als die planmäßigen Clipper brauchen werden, also rund sechs Stunden."

Der Flugleiter nickte erfreut.

„Ich danke Ihnen! Eine andere Antwort hatte ich nicht erwartet. Man ist bereits dabei, die Kühlflüssigkeit hierher zu schaffen. Umgehend wird der Clipper damit befrachtet werden. Sie alle haben Reisepässe mit den Sichtvermerken für Frankreich und Spanien. Nun müssen wir noch die Sondererlaubnis für die Überfliegung von Teilen dieser Länder und für die Landung in Palma de Mallorca einholen. Ich denke, daß Sie um acht Uhr in der Frühe starten sollten, damit Sie am frühen Nachmittag Palma erreichen. Ist alles klar? Oder haben Sie noch Fragen?"

Er wandte sich Gitta und Ursula zu und äußerte unter Lächeln:

„Diesmal werden Sie also keine Fluggäste zu betreuen haben, sondern lediglich uns Kameraden. Aber mitfliegen sollten Sie beide; man weiß nicht, wie es Arbeit für Sie geben kann. Im Vergleich zu unseren sonstigen Flügen ist die Strecke lang. Wir müssen also gut zusammenhalten!"

Die Mädchen sagten, wie sehr sie sich freuten, daß sie mitfliegen durften.

Froh erregt fuhr Gitta heim. Bei Tisch erzählte sie von ihrem bevorstehenden ersten Fernflug, den sie nun mitmachen sollte, und dessen Gelingen so ungeheuer wichtig war.

Nachdenklich sagte Bodo:

„Uns, die wir in der Jugend schon Flugzeuge kannten, wird eigentlich kaum mehr recht bewußt, was es bedeutet, einem Schiff, das im Hafen einer Insel des Mittelmeeres liegt, von hier aus binnen Stunden zu Hilfe zu kommen. Man sollte sich die Großartigkeit solcher Leistungen öfter klarmachen."

Frau Markloff und Alma wollten Gitta helfen, Reisevorbereitungen zu treffen, aber diese wehrte lachend ab:

„Wozu, meine Lieben? Sechs Stunden Hinflug und sechs Stunden Rückflug, das macht zwölf Stunden. Dazu kommt noch die für das Löschen der Fracht und für das Prüfen der Motoren und Geräte erforderliche Zeit. Das läßt sich ebenfalls binnen Stunden bewältigen. Morgen nacht werde ich also voraussichtlich schon wieder zurückgekehrt sein."

Frau Markloff schlug sich staunend mit der Hand an die Stirn.

„Stimmt, ihr werdet ja mit über vierhundert Kilometern Stundengeschwindigkeit fliegen."

Am Morgen trafen Gitta und Ursula pünktlich auf dem Flugplatz ein. Beladen und startbereit stand der Clipper auf seinem Platz. Der Flugkapitän nahm letzte Weisungen und die Papiere, die er bei einem Flug über die Landesgrenzen hinaus mitführen mußte, entgegen.

Dann begab sich die Besatzung an Bord, und bald darauf erhob sich das Flugzeug in sein Element. Als es die erforderliche Höhe erreicht hatte, folgte es zunächst im allgemeinen dem Lauf des Rheins.

Gitta und Ursula empfanden es als seltsam ungewohnt, daß sie nicht zahlreiche Fluggäste zu betreuen hatten. Gitta rief den Flugkapitän an und fragte, was er und die anderen Herren frühstücken möchten.

„Wir verlassen uns auf Sie, Fräulein Renson", antwortete er. „Sie werden uns gewiß etwas Gutes zuzubereiten wissen."

Als Gitta dann die wohlversehenen Speiseplatten nach der Bordkanzel brachte, fragte der Flugkapitän:

„Nun, Fräulein Renson, wie fühlen Sie sich? Sie und Fräulein Theiß sind ja heute gewissermaßen Passagiere."

„Ausgezeichnet. Einmal die meiste Zeit zu Fenstern hinausschauen und das Fliegen so recht genießen zu können, das macht Freude!"

„Die gönnen wir Ihnen von Herzen, denn wir alle wissen

ja, wie lebhaft Sie sonst im allgemeinen von den Fluggästen in Bewegung gehalten werden.

Da haben Sie genaue Karten, auf denen Sie unseren Weg verfolgen können!"

Gitta bedankte sich, brachte mit Ursula die Küche in Ordnung und setzte sich dann mit der Freundin in die Kabine.

Den Mädchen machte es Vergnügen, sich selbst ein Frühstück herzurichten, wie sie es Fluggästen gebracht hätten. Sie trugen die Platten in die Kabine, legten Kissen auf ihre Knie, setzten die Tablette darauf und ließen sich den Kaffee und die belegten Brötchen munden. Oh, es war schon ein beachtlicher Unterschied zwischen dem Fliegen mit beruflichen Pflichten und dem Fliegen aus Freude am Reisen.

Fern im Süden tauchten die Alpenberge auf. Massig reckten sich viele zum Himmel. Im Sonnenschein glänzten schneebedeckte Berghäupter, getragen von gewaltigen braungrauen Felsmassen und umrahmt von Hängen mit ausgedehnten Wäldern.

Die Maschine zog in beträchtlicher Höhe ihre Bahn, so daß Gitta und Ursula die wuchtige Bergwelt gut übersehen konnten. Voll Bewunderung nahmen sie die Bilder majestätischer Pracht auf.

Als der Clipper auf Südwestkurs ging und sich dadurch so von den Alpenbergen entfernte, daß diese nur noch den östlichen Horizont säumten, sagte Gitta:

„Wie schade!"

„Wo befinden wir uns?" fragte Ursula.

Gitta unterrichtete sie an Hand der Karte.

„Wir fliegen nunmehr über Südostfrankreich. Dort die Stadt ist Besançon. Damit haben wir die Senke erreicht, die von den Tälern der Rhône und der Saône gebildet wird. Ostwärts sehen wir die Alpen, und westlich erheben sich die Cevennen."

Eine Weile später äußerte Gitta:

„Oh, schau, Lyon, die schöne große Stadt! Welch ein Häusermeer!"

„Sieh die vielen Kirchtürme und die zahlreichen hohen Gebäude! Die Brücken, die über die Rhone führen, kann man ja kaum zählen!"

„Das große, offenbar gut gepflegte Gelände dort zwischen Rhône und Saône ist die Place Bellecour. Diese soll einer der größten Plätze Europas sein."

„Dort fließen Rhone und Saône zusammen! Welch wundervolles Bild!"

Zielbewußt strebte der Clipper weiter nach Süden. Städte und Dörfer, Felder und Wälder stiegen über dem Horizont auf, schoben sich gleichsam unter dem Flugzeug durch und versanken im Norden. Und immer neue Bilder taten sich auf, wenn Berge nahe an die Rhône heranrückten, wenn Flüsse und Bäche mündeten, wenn Eisenbahnbrücken oder Dampfer überflogen wurden oder wenn in Dörfern die Jugend zusammenlief und begeistert winkte.

Am liebsten hätten die Mädchen zurückgewinkt. Sie freuten sich ihres Lebens. Wie herrlich war das Wetter! Wie sicher hielt der Clipper seinen Kurs, und wie schnell kam man vorwärts, Stunde um Stunde bis vierhundertfünfzig Kilometer weiter nach Süden.

„Nanu, warum schlägt der Kapitän diesen riesigen Bogen?" fragte Ursula einmal betroffen.

„Ich denke mir, daß er ein Sperrgebiet umfliegen muß", meinte Gitta.

„So wird es sein."

Die Mädchen wußten, daß die Karte des Piloten mancherlei rote Kreise enthielt, mit denen Gebiete mit bestimmten Industrieanlagen, sonstigen wichtigen Bauten und Festungen bezeichnet wurden, in die Luftreisende keinen Einblick gewinnen sollten.

„Es ist gut, daß kein Nebel herrscht", sagte Gitta. „Es wäre gar nicht angenehm, wenn wir uns verflögen und versehentlich in einen Sperrbezirk gerieten."

„Das fehlte uns gerade noch, zum Landen gezwungen zu werden und kostbare Zeit zu verlieren, bis aufgeklärt ist, daß wir uns nicht um fremde Geheimnisse kümmern wollen."

„Ja, es darf nur eins für uns geben: der ‚Chronos' so schnell wie möglich die Kühlflüssigkeit bringen!"

Als die herrliche Ebene überflogen wurde, auf der die schöne alte Provencestadt Avignon liegt, schaute Gitta besonders aufmerksam aus. Sie sah die berühmte Steinbrücke, die vielen Kirchen und Klöster und machte Ursula auf besonders schöne Gebäude aufmerksam. Gemeinsam bewunderten sie den hoch über die Rhône aufsteigenden Felsen mit seinen großartigen Bauwerken.

„Man müßte mehr Zeit haben!" äußerte Ursula sehnsüchtig.

Gitta nickte und ließ die Blicke über die Ebenen der Provence gleiten, in die dunkle, scharf gezackte Gebirgsausläufer ragten.

Gitta rief in der Bordkanzel an und fragte, ob die Herren für ein gutes Frühstück aufnahmefähig wären. Das war der Fall, und so richteten die Mädchen in der Küche gute Bissen und anregende Getränke und brachten sie nach vorn.

Die Männer bedankten sich, und der Flugkapitän fügte hinzu:

„Bald werden wir die Camargue überfliegen, und dann wird sich das Meer unter uns ausbreiten!"

Als die Freundinnen nach dem Frühstück das Geschirr und die Speiseplatten untergebracht hatten, setzten sie sich wieder auf gute Plätze. Über Arles angelangt, sahen sie, wie sich die Rhône in zwei Hauptmündungsarme teilte. Dazwischen breitete sich die Camargue aus.

Zum Teil bestand diese Insel aus fettem Marschland und zum Teil aus Sumpf. Reiche Fruchtfelder, schöne Wiesen und Obstgärten dehnten sich an den Rändern aus. Das Sumpfland hatte zahlreiche Seen. Herden von Schafen, schwarzen Rindern und halbwilden Pferden flüchteten vor dem Dröhnen der Motoren. Unzählige Wasservögel erhoben sich und belebten die Luft.

„Eine Landschaft von seltsamem Reiz", bemerkte Gitta.

Ursula nickte und rief eine Weile später:

„Schau, dort glänzt das Meer im Sonnenlicht!"

„Der Golf du Lion!" bestätigte Gitta andächtig und schaute wie gebannt in die Tiefe.

Rasch näherte sich der Clipper dem Strand, und nun flog die Maschine über dem Meer! Schwacher Wind wehte; das Wasser hatte daher kaum Bewegung.

„Wie wundervoll!" staunte Gitta und ließ den Blick nach

dem fernen Horizont gleiten, wo sich die Wolken und die Wasserfläche zu vereinigen schienen. Dampfer und Fischerfahrzeuge zogen ihre Bahnen. Wie klein schienen sie zu sein.

Gitta maß auf der Karte die Entfernung von der französischen Südküste bis nach Palma auf Mallorca.

„Vierhundertfünfzig Kilometer Luftlinie“, stellte sie fest.

„Ungefähr eine Flugstunde also. Was bedeutet diese Strecke schon für ein modernes Flugzeug? Die Leiter der Hamburger Reederei waren umsichtige Leute, daß sie die Ladung ihres Kühlschiffes auf diese Weise retteten.“

Nicht lange dauerte es, da verschwand im Norden der dunkle Schimmer der Küste, und die Mädchen sahen, soweit sie blickten, Meer unter sich.

Nun brauchte der Pilot keine Rücksicht mehr auf Berge und Sperrgebiete zu nehmen. Er konnte die Höhe und den Kurs festlegen, die automatische Steuerung einstellen und ein wenig ausruhen.

„Herrlich!“ flüsterte Gitta immer wieder unwillkürlich beim Schauen in die Tiefe. Nichts hemmte den Blick. Weit, weit konnte er rundum schweifen.

Die Zeit wurde den Mädchen nicht lang bei der Bewunderung der Großartigkeit des Meeres.

Als Gitta später beim Schauen auf die Uhr erkannte, daß die Insel Mallorca bald in Sicht kommen mußte, richtete sie die Blicke nach Süden.

Nicht mehr lange dauerte es, da tauchte auch fern Land aus dem Meer. Berge erhoben sich. Beim Näherkommen erkannte Gitta Palmen.

Der Clipper überflog den Gebirgszug, und nun kam im Süden die Bucht in Sicht, an deren Ufer die schöne Stadt Palma lag.

Die Mädchen sahen den fast vierhundert Meter langen Steindamm des Hafens, die Mauer mit den acht Toren und alte Küstenverteidigungswerke, und dann konnten sie auch schon in die Stadt mit ihren regelmäßig angelegten Straßen, Plätzen und Promenaden schauen.

Dort war der Flugplatz, auf dem zahlreiche Clipper zwischenlandeten, die nach Afrika wollten oder von dorther kamen. Die Mädchen wußten, daß der Flugkapitän Funksprechverbindung mit den Männern auf dem Kontrollturm aufgenommen hatte.

Das Flugzeug landete und rollte über das Vorfeld nach dem Abstellplatz, den der Luftverkehrspolizist dem Piloten zuwies. Schon kamen auch die Männer vom Bodenpersonal herbei, um die Ladung zu löschen, die Kraftstoffbehälter zu füllen und die Motoren nachzusehen.

Die Besatzung verließ das Flugzeug und wurde alsbald von Kapitän Hinrichsen und seinem Ersten Ingenieur herzlich begrüßt.

Der Erste Ingenieur überwachte die Übernahme der kostbaren Kühlflüssigkeit und die Überführung nach dem Schiff. Kapitän Hinrichsen lud die Clipperbesatzung zum Essen an Bord der „Chronos“ ein.

Die jungen Damen und die Herren nahmen gern an. Bald fuhren sie in einem Kraftwagen durch die Stadt. Das Wetter war weiterhin strahlend schön. Riesige Palmen schenkten auf den Promenaden schattige Kühle.

Den Mädchen fielen die zahlreichen Paläste aus alter Zeit auf. Hier hatten einst maurische Fürsten regiert.

Vom Hafen aus konnte Gitta einen umfassenden Eindruck von der Stadt und ihrer herrlichen Umgebung mit den vielen blühenden Gärten und schönen Landhäusern gewinnen. Sie flüsterte Ursula zu:

„Wie wundervoll, daß wir diesen Flug mitmachen durften!“

Kapitän Hinrichsen zeigte den Gästen die Einrichtung des Kühlschiffes und ließ sie auch Blicke in die Laderäume tun. Dabei staunten die Gäste immer wieder über die riesigen Mengen Fracht, die das Schiff an Bord nehmen konnte.

Später nahmen die Gäste mit den Offizieren in der Messe das Essen ein. Gitta und Ursula waren die einzigen Damen. Die Herren machten ihnen den Hof und bemühten sich, sie nach Kräften zu verwöhnen.

Für sie war es nichts Neues, angeschwärmt zu werden, denn auf den Flügen gaben die männlichen Reisenden ihnen auch oft zu erkennen, daß sie es gern mit hübschen, gescheiten und scharmanten Luftbegleiterinnen zu tun hatten. Die Freundinnen nahmen die Komplimente lächelnd entgegen, aber sie waren viel zu überlegene Naturen, als daß sie sich die Köpfe hätten verdrehen lassen.

Die Schiffsoffiziere stellten den beiden jungen Damen und den Kameraden vom Clipper gern ihre Kabinen zur Verfügung, damit die Flugzeugbesatzung sich von der Luftreise, die viel Konzentration gekostet hatte, erholen und Kräfte für den Rückflug sammeln konnte.

Gitta schlief fest. Als das Rasseln des Reiseweckers in ihr Bewußtsein drang, mußte sie sich erst ein wenig darauf besinnen, daß sie sich an Bord eines Kühlschiffes befand, das in einem Mittelmeerhafen lag.

Man trank gemeinsam Kaffee, und dann ging es ans Abschiednehmen. Kapitän Hinrichsen ließ es sich nicht nehmen, die Gäste auf den Flugplatz zu bringen und so lange zu winken, bis der Clipper auf Nordkurs außer Sicht gekommen war.

Froh kehrte der Kapitän an Bord zurück. Das Kühlschiff konnte nun die Heimreise nach Hamburg mit schier in letzter Stunde geretteter Ladung fortsetzen.

Auf dem Rückflug betreuten die Mädchen wieder hausfraulich die Männer der Besatzung. In den Stunden, in denen sie aufs neue die Vergnügungsreisenden spielen konnten, wurden sie nicht müde, das Fliegen mit all seinen Schönheiten aufgeschlossen zu genießen.

Wohlbehalten langte der Clipper nachts auf dem Rhein-Main-Flughafen an. Diesmal verabschiedeten sich die Besatzungsmitglieder besonders herzlich voneinander.

Eine herrliche Überraschung

Vergnügt las Gitta die Gutschrift über die Vergütung für den Sonderflug auf ihrem Gehaltskonto. Das große Erlebnis wäre ihr die Mühe wert gewesen, aber sie hatte natürlich nichts dagegen, daß sie sich nun wieder einige Wünsche erfüllen konnte.

Als sie eines Tages zur Direktion gebeten wurde, dachte sie, es handele sich wohl um ihre Einteilung zum Flugdienst auf einer anderen Strecke. Unbefangen begab sie sich in das Vorzimmer und ließ sich von der Sekretärin anmelden.

Der Direktor empfing Gitta herzlich, bat sie, Platz zu nehmen, und äußerte:

„Ich freue mich, Sie wieder einmal begrüßen zu können, Fräulein Renson. Auch diesmal ist der Anlaß angenehmer Art."

„Begreiflicherweise bin ich gespannt..."

„Das können Sie auch sein, Fräulein Renson! Wie Sie aus den Presseberichten entnehmen konnten, hat die Aufdeckung der Diamantendiebstähle und des Schmuggels mit den kostbaren Steinen weite Kreise gezogen. Als man dank der Feststellung des Absenders und des Hamburger Empfängers Anhaltspunkte über den Kreis der Täter gewonnen hatte, wurde zugegriffen. Nach und nach konnte die ganze Organisation aufgedeckt werden. Deren Angehörige wurden festgenommen. Sie sehen also, welch bedeutungsvolle Folgen Ihre Aufmerksamkeit hatte."

„Es war ein Zufall, daß ich den Behälter tropfen sah, und daß ich mir mit dem feinen Draht in den Finger stach."

„Zufall hin, Zufall her, Fräulein Renson. Diese kleinen Geschehnisse waren die Ursache dafür, daß die Gesellschaft keine weiteren Verluste mehr erlitt.

Und nun komme ich zu dem Hauptpunkt unserer Unterhaltung. Die Diamantenhandelsgesellschaft hat schon vor langer Zeit unter Ausschließung des Rechtsweges eine ansehnliche Belohnung für die Aufklärung der Diebstähle ausgesetzt. Deren Auszahlung ist nunmehr fällig geworden. Die Gesellschaft hat die Belohnung auf die Personen verteilt, die wesentlichen Anteil an der Aufklärung hatten.

Ihnen hat man die Hälfte zugebilligt, da Sie ohne Zweifel den größten Anteil haben. Die zweite Hälfte fiel an Fräulein Theiß und mehrere andere Personen. Da die Gesellschaft tausend südafrikanische Pfund ausgelobt hatte, so entfallen auf Sie fünfhundert Pfund!"

Gitta blickte den Direktor fassungslos an. Es kostete sie einige Mühe, hervorzubringen:

„Das wären ja ... fast sechstausend Mark ...?!“

„Allerdings, Fräulein Renson! Hier ist der Scheck. Den können Sie Ihrer Bank zum Verkauf geben und sich den Erlös in Deutscher Mark auf Ihrem Konto gutschreiben lassen!“

Gitta rang noch immer nach Worten. Sie fragte schließlich:

„Darf ich denn aber dies Geld für eine Handlung annehmen, die doch Erfüllung einer Dienstpflicht war?“

Der Direktor lächelte belustigt:

„Warum nicht, Fräulein Renson? Sie denken an die Bestimmung, die Angestellten die Annahme von Geschenken verbietet? Nun, es handelt sich ja nicht um ein Geschenk, sondern um eine Belohnung, und die dürfen Sie selbstverständlich annehmen. Die Direktion gratuliert Ihnen dazu. Wir freuen uns immer, wenn sich Angestellte als hervorragend tüchtig erweisen.“ Er drückte Gittas Rechte herzlich.

Aufatmend nahm sie den Scheck entgegen, betrachtete ihn und trocknete mit dem Taschentuch ihre vor innerer Erregung feucht gewordene Stirn.

Väterlich herzlich begleitete der Direktor sie zur Tür. Dabei sagte er:

„Sie haben nun den Dienst innerhalb der Landesgrenzen gut kennengelernt und auch schon darüber hinausgeschaut. Sowie die Stelle einer Luftbegleiterin im europäischen Dienst frei wird, sollen Sie sie haben, Fräulein Renson. Darum werde ich mich kümmern!“

Gitta bedankte sich wiederum.

Die Fahrt nach Hause lenkte Gitta ab. Als sie sich dann in ihrem Zimmer frischmachte, wußte sie sich vor Jubel kaum zu fassen.

Als man bei Tisch saß, schaute Gitta den Pflegevater hintergründig lächelnd an und fragte:

„Sag, Vati, wie denkst du über die Aufnahme eines stillen Teilhabers in deine Firma?“

Klaus Markloff stutzte und forschte:

„Welchen Sinn soll diese Frage haben, Gitta?“

Statt zu antworten, stellte Gitta die weitere Frage:

„Dürfte es auch eine Teilhaberin sein?“

Jetzt lehnte sich der Vater im Stuhl zurück. Man sah es ihm an, daß er dachte: dahinter steckt doch etwas? Er bat:

„Am Anfang sei klar! Denke an diesen alten Grundsatz!"

Nun konte sich Gitta nicht mehr halten. Sie sprang auf, eilte zu dem Pflegevater hin, umarmte ihn und rief:

„Ich bin glückliche Besitzerin von fünfhundert südafrikanischen Pfund, also ungefähr sechstausend Deutschen Mark. Möchtest du diese nicht als Einlage von mir ins Geschäft nehmen?"

Vater Markloff war so ungeheuer verblüfft, daß es ihm die Rede verschlug. Auch Frau Markloff war zunächst fassungslos. Dafür sprachen Alma und Bodo aufgeregt um so mehr und um so lauter. Bodo jubelte endlich:

„Die Luftfee…, unsere Luftfee wird groß, ganz groß!"

Alma fügte fassungslos hinzu:

„Das ist ja ein Vermögen! Und da klettert sie nicht auf den Kleiderschrank vor Freude?"

Der Vater mahnte:

„Nun spanne uns, bitte, nicht länger auf die Folter, Gitta, sondern erzähle, was da los ist!"

Gitta berichtete, wie das Glück gewissermaßen über sie hereingebrochen war.

Dann konnten auch Vater und Mutter Markloff ihre Glückwünsche anbringen. Bewegt drückten sie Gitta an sich.

Als diese später wieder auf die von ihr gewünschte Verwendung des Geldes zu sprechen kam, antwortete Klaus Markloff:

„Darüber können wir noch eingehend reden, Gitta. Jetzt wollen wir uns vor allem gemeinsam freuen!"

Bodo eilte in den Keller. Binnen Minuten war er wieder mit einigen Flaschen Wein zur Stelle. Die erste entkorkte er und füllte die Gläser, die Alma bereitstellte.

Alma seufzte und fühlte Wehmut. Daß das Glück sein Füllhorn immer über anderen und nicht auch einmal über ihr leerte!… Aber Gitta, ja, der gönnte sie alles Gute und Schöne von Herzen, und so rief sie:

„Möge ihr noch mancher glänzende Erfolg beschieden sein, unserer Luftfee!"